A ILUSÃO DO EU

CHRIS NIEBAUER

A ILUSÃO DO EU

O encontro da neuropsicologia com
os ensinamentos das tradições orientais

TRADUÇÃO

Odorico Leal

goya

A ILUSÃO DO EU

TÍTULO ORIGINAL:
No Self, No Problem

COPIDESQUE:
Myllena Lacerda

REVISÃO:
Hebe Ester Lucas
Tássia Carvalho

CAPA:
Filipa Pinto

IMAGENS:
s_bukley | Shutterstock [p. 66]
Garylarts [p. 68, 75, 79, 90]

**DADOS INTERNACIONAIS DE CATALOGAÇÃO NA PUBLICAÇÃO (CIP)
DE ACORDO COM ISBD**

N665i   Niebauer, Chris
A ilusão do eu: o encontro da neuropsicologia com os ensinamentos das tradições
orientais / Chris Niebauer ; traduzido por Odorico Leal. - São Paulo : Goya, 2025.
184 p. ; 14cm x 21cm.

Tradução de: No self, no problem: how neuropsychology is catching
up to Buddhism

ISBN: 978-85-7657-716-4

1. Neuropsicologia. 2. Não ficção. 3. Autodesenvolvimento.
I. Leal, Odorico. II. Título

	CDD 612.8
2024-4386	CDU 612.821

ELABORADO POR VAGNER RODOLFO DA SILVA - CRB-8/9410

ÍNDICES PARA CATÁLOGO SISTEMÁTICO:
1. Neuropsicologia 612.8
2. Neuropsicologia 612.821

COPYRIGHT © CHRIS NIEBAUER, 2019
COPYRIGHT © EDITORA ALEPH, 2025

**PUBLICADO MEDIANTE ACORDO COM HIEROPHANT
PUBLISHING CORP. E INTERNATIONAL EDITORS & YÁÑEZ CO' S.L.**

**TODOS OS DIREITOS RESERVADOS.
PROIBIDA A REPRODUÇÃO, NO TODO OU EM PARTE,
ATRAVÉS DE QUAISQUER MEIOS, SEM A DEVIDA AUTORIZAÇÃO.**

ǫoɤɑ
é um selo da Editora Aleph Ltda.

Rua Bento Freitas, 306, cj. 71
01220-000 – São Paulo – SP – Brasil
Tel.: 11 3743-3202

WWW.EDITORAGOYA.COM.BR

⊙ @editoragoya

"Para quem a dominou, a mente é a melhor amiga; para quem não conseguiu, ela será sempre a pior inimiga."
— *Bhagavad Gita*

SUMÁRIO

9 NOTA À EDIÇÃO BRASILEIRA

11 PREFÁCIO

17 INTRODUÇÃO

25 CAPÍTULO 1
O intérprete — uma descoberta acidental

41 CAPÍTULO 2
Linguagem e categorias — as ferramentas
da mente interpretativa

63 CAPÍTULO 3
Percepção de padrões e o self perdido

85 CAPÍTULO 4
O básico da consciência do cérebro direito

105 CAPÍTULO 5
Significado e compreensão

119 CAPÍTULO 6
A inteligência do cérebro direito — intuição,
emoções e criatividade

139 CAPÍTULO 7
O que é a consciência?

151 CAPÍTULO 8
Encontrando o verdadeiro você

163 NOTAS E REFERÊNCIAS

181 AGRADECIMENTOS

NOTA À EDIÇÃO BRASILEIRA

Ainda que possa ser traduzido por "eu" e aceite a ideia de "si-mesmo" e outras acepções, optamos, nesta edição, por manter o termo "self" em inglês. Cada vez mais recorrente em estudos sobre a mente humana e sua complexidade, a palavra é amplamente adotada na psicologia, bem como em outras áreas do conhecimento como a filosofia e a sociologia.

PREFÁCIO

Meu interesse pela psicologia e pelos mecanismos internos da mente começou depois da morte do meu pai, quando eu tinha 20 anos. O impacto desse episódio foi enorme, e o profundo sofrimento de que padeci me levou a estudar o funcionamento da mente com o intuito de ajudar a mim mesmo e aos outros. Eu acreditava que, se havia uma forma de adentrar aquele emaranhado de dor, havia também uma forma de sair, e fiquei determinado a encontrá-la. Na época, quase todo mundo tinha certeza de que era no cérebro que desvendaríamos os segredos da mente. Não é de hoje que nossa espécie discute a natureza dessa relação. Eu a vejo da seguinte maneira: o cérebro é o sujeito, a mente é o verbo — ou como formulou o cientista cognitivo Marvin Minsky: "A mente é o que o cérebro faz".

Naquela época, muita gente tentava determinar como a mente funcionava em termos cerebrais. Esse tópico ficou tão popular que o Congresso chegou a decretar os anos

1990 como a "Década do Cérebro". Pensando que esse caminho poderia ser promissor para os esforços contra o sofrimento mental, concluí um doutorado em neuropsicologia cognitiva em 1996.

Neuropsicologia é o estudo da arquitetura do cérebro e de como essa arquitetura se relaciona à forma como experienciamos o mundo, especificamente nossos pensamentos e o comportamento subsequente. A neuropsicologia tem mapeado com sucesso alguns processos em áreas especiais do cérebro. Do reconhecimento facial à empatia, hoje a neuropsicologia pode localizar processos e funções cerebrais com precisão, apontando locais específicos na paisagem neural.

Claro, nada disso me interessava à época da morte do meu pai. Tudo que sabia era que eu estava sofrendo, e minha esperança era de que o segredo para acabar com aquele sofrimento, ou pelo menos compreendê-lo, poderia ser encontrado nos mecanismos do cérebro. No entanto, apesar das incontáveis horas gastas em sala de aula, não encontrava nenhuma resposta real sobre o tema.

Voltei-me então para os ensinamentos do Oriente, e foi aí que comecei a encontrar aquilo que me parecia ausente na abordagem psicológica tradicional. Comecei também a perceber paralelos impressionantes entre certas descobertas sobre o cérebro e as ideias expressas no budismo, no taoismo e em outras escolas do pensamento oriental. Enquanto terminava meu trabalho de pós-graduação em um laboratório dedicado a examinar as diferenças entre os hemisférios do cérebro, eu dividia meu tempo entre as necessidades de cada uma das duas partes: para o hemisfério esquerdo, uma rotina de estudante de ciência; para o direito, retiros de fins de semana dedicados à filosofia oriental.

Durante a pós-graduação, fiquei impressionado com a mudança de paradigma que estava se desenrolando no campo da física.[1] Vários pesquisadores haviam notado semelhanças entre as descobertas da mecânica quântica e os ensinamentos do Oriente. Lembro-me de ir ao escritório de um professor e, com a alegria de um garotinho na manhã de Natal, compartilhar minha convicção de que o que vinha sendo descoberto na física confirmava o que o Oriente dizia há muito tempo. Para minha grande decepção, o professor foi categórico, disse que Papai Noel não existia e atribuiu as semelhanças nessas novas descobertas à simples coincidência.

Apesar dessa rejeição, nunca perdi a esperança de que fosse possível estabelecer uma conexão entre a neurociência e o pensamento oriental. Posso apostar que, no fim dos anos 1990, eu era um dos poucos professores que ofereciam aulas sobre cérebro e zen-budismo. Contudo, poucos anos depois, Dalai Lama foi convidado para ser o palestrante principal em uma grande conferência de neuropsicologia, e hoje a ideia de que a neurociência e a filosofia oriental podem ser complementares é praticamente uma tese estabelecida.[2]

Cientistas e acadêmicos têm documentado os muitos efeitos positivos das práticas orientais. Podemos pensar na meditação, que, como sabemos hoje, melhora a nossa atenção.[3] A neurocientista de Harvard Sara Lazar demonstrou que meditadores experientes têm um córtex — a área do cérebro especializada em decisões de alto nível — mais denso. Essa camada rugosa exterior do cérebro é composta de neurônios, as células de processamento de informação. Já foi comprovado que o córtex em geral encolhe com a idade; contudo, Lazar descobriu que o efeito da meditação habitual no córtex era tão profundo que meditadores de 50 anos de idade tinham um córtex pré-frontal semelhante ao de um jovem de 25 anos. Mesmo um programa de redução de estresse de oito semanas fundamentado na prática de *mindfulness*, ou meditação de atenção plena, apresentou impactos significativos no cérebro. Os que participavam do programa de *mindfulness* tinham uma amígdala — a parte agressiva do cérebro que reage ao estresse — menor e uma junção temporoparietal (JTP) — a parte do cérebro associada à empatia e à compaixão — maior.[4]

Efeitos similares surpreendentes foram descobertos como resultado do tai chi, uma forma de meditação baseada no movimento. Os efeitos promissores do tai chi vão de benesses físicas (menor pressão sanguínea, por exemplo) a mentais (funções cognitivas aprimoradas).[5] A antiquíssima prática hindu da ioga também revelou descobertas semelhantes.[6] Por exemplo, a dra. Chantal Villemure, pesquisadora do Centro Nacional de Medicina Complementar e Alternativa em Bethesda, Maryland, descobriu que certas áreas do córtex de praticantes de ioga eram maiores.[7] Essa pesquisa também respaldava certas descobertas que apontavam que a seção do cérebro responsável pelo armazenamento de memórias — o hipocampo — era maior entre os praticantes de ioga.

David Creswell, pesquisador na Carnegie Mellon, demonstrou que um simples retiro de três dias dedicado à prática de *mindfulness* pode transformar o cérebro e reduzir inflamações.[8] Os integrantes do grupo de *mindfulness* apresentaram níveis reduzidos de um biomarcador para inflamação associado a doenças como diabetes, artrite e câncer. A verdade é que é difícil encontrar uma pesquisa que aponte um efeito negativo — ou mesmo a ausência de qualquer efeito — advindo da prática dessas antigas artes do Oriente.

Tais estudos são bastante informativos; no entanto, eu acredito que as pesquisas levadas a cabo por muitos profissionais no Ocidente indicam algo muito mais profundo do que os benefícios físicos e mentais das práticas orientais. Pela primeira vez na história, as descobertas dos cientistas ocidentais apoiam fortemente — muitas vezes sem pretendê-lo — uma das ideias mais fundamentais do Oriente: a de que o self individual é muito mais um personagem de ficção do que uma coisa real.

Em outras palavras, o self* que você acha que conhece *não é real.*

Ainda não compreendemos em sua totalidade a implicação desses estudos ou seu impacto nas ideias ocidentais sobre o que significa ser humano. Este livro busca mergulhar nesse processo ao examinar as pesquisas em desenvolvimento, mensurar sua significância e compreender o que esses estudos requerem de nós.

---

* Diferentemente de Jung, que vê o self como uma totalidade real e essencial, objetivo do processo de individuação e centro organizador da psique, Niebauer entende o self como uma ilusão mental, um construto narrativo criado pelo cérebro, que deve ser percebido como inexistente para alcançar uma vida mais consciente e menos presa ao ego. [N. E.]

INTRODUÇÃO

Dê um fim aos seus problemas: pare de pensar.

— Lao Tzu, *Tao Te Ching*

Quem somos? Por que estamos aqui? Por que sofremos? Os seres humanos têm enfrentado essas questões desde tempos imemoriais. Filósofos, líderes espirituais, cientistas e artistas — todos refletiram sobre isso. Na filosofia ocidental, *pensar* é a característica definitiva da humanidade, a melhor resposta para a questão sobre quem somos. Não há exemplo mais conciso a esse respeito do que a famosa afirmação do filósofo René Descartes: *cogito, ergo sum* ou "penso, logo existo".

Essa reverência pelo pensamento contrasta radicalmente com os fundamentos da filosofia oriental, encontrados em tradições como o budismo, o taoismo e certas escolas do hinduísmo. No melhor dos casos, essas tradições estimulam a desconfiança em relação à mente pensante e, não raro, vão além, afirmando que a mente pensante é, na verdade, parte do problema, não a solução. O zen-budismo, por exemplo, nos oferece este ditado: "Sem pensamento, sem problema".

O indivíduo guiado pelo cérebro, a que nos referimos de variadas maneiras — o self, o ego, a mente ou o "eu" —, reside no centro do pensamento ocidental. Na visão de mundo do Ocidente, celebramos os grandes pensadores como figuras capazes de transformar o mundo. Mas que figura é essa? Olhemos mais de perto o pensador, ou o "Eu", que tomamos como algo tão natural. Essa definição será essencial para toda a nossa discussão.

Para a maioria de nós, esse "Eu" é a primeira coisa que brota na nossa cabeça quando pensamos em quem somos. O "Eu" representa a ideia do nosso ser individual, aquele que reside entre nossas orelhas e por trás dos olhos, "pilotando" o corpo. O "piloto" está no comando, não muda muito e parece ser aquilo que dá vida aos nossos pensamentos e sentimentos. Ele observa, toma decisões e executa ações — tal como o piloto de um avião.

Esse Eu/ego é o que consideramos nosso self verdadeiro, é ele quem experiencia e controla coisas como pensamentos, sentimentos e ações. O self-piloto sente que é o dono do show. É estável e contínuo. Também controla nosso corpo físico; esse self, por exemplo, entende que o corpo é "meu". Contudo, diferentemente do nosso corpo físico, ele não vê a si mesmo como algo que muda, que tem um fim (exceto, talvez, para os ateístas, na morte corporal) ou que é influenciado por qualquer coisa além dele próprio.

Agora vamos olhar para o Oriente. O budismo, o taoismo, a escola Advaita Vedanta do hinduísmo e outras escolas do pensamento oriental têm um ponto de vista bem diferente sobre o self, o ego ou o "eu". Elas dizem que essa ideia de "eu" é uma ficção, ainda que muito convincente. O budismo tem uma palavra para esse conceito — *anatta*, muitas vezes traduzida por "não self" —, que é um dos pilares fundamentais do budismo, talvez o *mais* importante.

Para aqueles criados nas tradições ocidentais, essa ideia soa radical, até sem sentido. Parece contradizer nossa experiência diária ou mesmo todo o nosso senso de existência. Este livro explorará fortes evidências sugerindo que o conceito do self é apenas um constructo da mente, não uma realidade física com localização certa no interior do cérebro. Dito de outra forma, é o processo de pensar que cria o self, em vez de um self existir de forma independente do pensamento. O self é mais um verbo do que um substantivo. Para dar um passo adiante, a implicação aqui é a de que, na ausência de pensamento, o self, na verdade, não existe. É como se a neurociência e a psicologia contemporâneas estivessem só agora descobrindo o que o budismo, o taoismo e o hinduísmo Advaita Vedanta têm ensinado nos últimos 2.500 anos.

Isso talvez seja difícil de conceber, sobretudo porque tomamos o *processo* do pensamento como uma *coisa* legítima por muito tempo. Levará algum tempo para começarmos a entender o "eu" somente como ideia e não como fato. Nosso self ilusório — a voz na nossa cabeça — é muito convincente. Ele narra o mundo, determina suas crenças, reprisa as memórias, identifica-se com seu corpo físico, constrói projeções do que pode acontecer no futuro e cria julgamentos sobre o passado. É esse senso de identidade que sentimos desde o momento em que abrimos os olhos pela manhã até o momento em que os fechamos à noite. Parece algo crucial, então quase sempre é um choque quando digo às pessoas que, segundo meu trabalho como neuropsicólogo, esse "Eu" simplesmente não existe — pelo menos não como *pensamos*.

Por outro lado, isso não será nenhuma surpresa para aqueles que estudaram as religiões e movimentos filosóficos orientais, já que todas essas tradições tomam como premissa básica a ideia de que o self, como o concebemos em geral, não existe. Se isso for verdade, pode-se então perguntar: o que sobra? Essa pergunta definitivamente merece consideração. Trataremos dela depois de abordar a ideia do "não self" a partir das descobertas científicas que apontam para a irrealidade do self e a possível presença de um modelo diferente de consciência.

Como mencionei no prefácio, o grande sucesso da neurociência reside no mapeamento do cérebro. Podemos apontar o centro de linguagem, o centro de processamento facial e o centro para a compreensão das emoções alheias. Quase todas as funções da mente têm sido mapeadas no cérebro, salvo por uma importante exceção: o self. Embora vários neurocientistas tenham alegado que o self reside nessa ou naquela localização neural, não há um consenso na comunidade científica sobre onde encontrá-lo — nem sequer se residiria no lado esquerdo ou direito do cérebro.[1] Talvez a razão para não encontrarmos o self no cérebro seja simples: ele *não está lá*.

No entanto, mesmo se aceitarmos que o self não existe, não podemos negar que ainda há uma *ideia* muito forte de self. Embora não tenha conseguido encontrar o ponto de localização do self, a neuropsicologia, por outro lado, determinou qual parte do cérebro cria essa ideia de um self, e nós observaremos isso em detalhes.

Por que tudo isso importa? Tal como me vi em profundo sofrimento após a morte do meu pai, todos nós vivenciaremos muita dor mental e frustração em nossa vida. Confundir a voz na nossa cabeça com uma coisa real e rotulá-la de "eu" nos coloca em conflito com a evidência neuropsicológica de que isso não existe. Esse equívoco — esse senso de self ilusório — é a principal causa do nosso sofrimento mental. E mais: eu sustento que esse equívoco bloqueia o acesso à trama eterna e expansiva da consciência universal que está sempre disponível a nós.

Para ser claro, sofrimento mental é diferente de dor física. A *dor* ocorre no corpo e é uma reação física — como quando machucamos o dedinho do pé ou quebramos um braço. O *sofrimento* de que falo ocorre apenas na mente e descreve coisas como preocupação, raiva, ansiedade, remorso, inveja, vergonha e muitos outros estados mentais negativos.

Sei que é uma afirmação gigantesca dizer que todos esses tipos de sofrimento resultam de um senso de self fictício. Por ora, a essência dessa ideia é capturada brilhantemente pelo filósofo taoista e autor Wei Wu Wei, que escreve: "Por que você está infeliz? Porque 99,9% de tudo que você pensa, e de tudo que você faz, é para o seu próprio self — e ele não existe".[2]

A estrutura deste livro

Começaremos analisando os dois hemisférios do cérebro e seus efeitos na cognição e no comportamento humanos.[3] Há, certamente, outras formas de organizar e dividir o cérebro que são importantes para o processo de cognição, tais como o hipocampo e o córtex pré-frontal mencionados no prefácio, mas meu objetivo é tornar esse tópico compreensível e agradável para todos. Em nome da simplicidade, falaremos sobre os hemisférios direito e esquerdo do cérebro e como eles afetam nossos pensamentos e comportamentos.

Primeiro, explicarei a ideia de que o cérebro esquerdo é um intérprete ou criador de histórias. Funções como reconhecimento de padrões, linguagem, mapeamentos e categorizações estão todas localizadas no cérebro esquerdo, e as evidências sugerem que são justamente essas funções que, em conjunto, levam à sensação de um self e à forte crença em sua realidade absoluta. Exploraremos como as funções particulares do cérebro esquerdo não apenas fazem emergir o senso de self, como também explicam por que é tão difícil enxergar além dessa ilusão e por que essa sensação impõe tanto sofrimento à condição humana.

Tendo compreendido como o cérebro esquerdo opera, examinaremos com atenção o cérebro direito e seu funcionamento, o que inclui coisas como a busca por significados, nossa habilidade de conceber e compreender cenários mais amplos, a expressão da criatividade, a vivência de emoções e o processamento espacial. Todas essas funções dependem do cérebro direito. Depois de examinarmos os dois lados do cérebro e os processos associados a cada um deles, especularei sobre quais podem ser as implicações dessas ideias no que diz respeito à consciência e como essas descobertas podem apontar na direção do mistério de quem somos de verdade, para além da ilusão do ego.

Ao fim de cada capítulo, o leitor encontrará uma seção chamada "Explorações". São exercícios ou experimentos mentais simples que oferecem uma chance de compreender os conceitos discutidos de maneira mais profunda e efetiva. Por meio dessas atividades, espero que o leitor possa acessar as ideias centrais deste livro de uma forma nova e empolgante, ultrapassando o mero ato de pensar sobre elas.

O que discutiremos aqui mostrará que estudos específicos da neurociência e da psicologia propõem fortemente o que as filosofias orientais vêm dizendo há milênios: em suma, a ideia de que o "eu" ou o "self", que a maioria de nós aceita como algo muito natural, não existe como pensamos que existe. Essa talvez seja uma ideia nova para você, e, antes de começarmos, quero explicar que meu objetivo não é despejar pilhas de pesquisas sobre o leitor para convencê-lo de que o ego é uma ilusão. Na verdade, quero guiá-lo para novas experiências e abrir caminhos para o uso de diferentes partes do cérebro, de forma que o leitor possa determinar por si mesmo a veracidade disso tudo. Einstein dizia que um problema não pode ser resolvido com o mesmo nível de pensamento que o criou. Nesse sentido, o senso de self criado pelo cérebro esquerdo não pode ser desvelado com bombardeios de mais pensamentos oriundos do mesmo cérebro esquerdo. Meu desejo é guiar a consciência do leitor para uma nova forma de examinar as próprias experiências, de forma a transcender os pensamentos do cérebro esquerdo. Acredito que isso possa reduzir imensamente o sofrimento mental, como aconteceu comigo.

Como afirma o velho axioma zen: "Se não há um self, não há problema".

CAPÍTULO 1

O INTÉRPRETE — UMA DESCOBERTA ACIDENTAL

O cérebro respira a mente como os pulmões respiram o ar.
— Huston Smith

Nos anos 1960, o dr. Michael Gazzaniga participou de um grupo que realizava algumas das cirurgias cerebrais mais interessantes e experimentais da história. Esses experimentos não apenas revelaram como os hemisférios esquerdo e direito do cérebro são responsáveis por diferentes funções, como também lançaram acidentalmente as bases para a ideia de que o self não existe como supomos. Mais tarde, o próprio Gazzaniga seria mais direto sobre o tema, ao iniciar O *passado da mente*, livro que lançou em 1998, com um capítulo intitulado "O self ficcional".

Sua contribuição é uma forte advertência a uma de nossas maiores certezas. Pensar que o self pode ser ficcional talvez provoque uma sensação semelhante à que nossos ancestrais sentiram quando ouviram que a Terra não era plana. Ambas as alegações parecem desafiar nossa própria experiência. Mas a ideia de que o self é ficcional não é nova — Buda a expressou mais de 2.500 anos atrás e está mencionada no Tao Te Ching, texto fundador do taoismo, também escrito há mais de dois milênios e meio, bem como nos escritos de certas escolas do hinduísmo, a Advaita Vedanta, por exemplo.

Será possível que a neurociência e a psicologia, por meio do trabalho de Gazzaniga e outros, tenham provado sem querer o que essas tradições filosóficas orientais afirmaram séculos atrás? Para tentar responder a essa questão, oferecerei alguns exercícios para que o leitor possa julgar por si mesmo a veracidade dessas descobertas. A boa notícia é que, diferentemente do caso dos pacientes de Gazzaniga, não há necessidade de cirurgia cerebral.

Antes de continuar, é importante ter um entendimento básico de como o cérebro funciona e das descobertas revolucionárias de Gazzaniga.

Para começar, o aspecto mais interessante é também um dos mais óbvios: o cérebro tem dois hemisférios espelhados, conectados por um grande conjunto de fibras chamado corpo caloso. Nos anos 1960, em uma pesquisa que buscava mitigar a epilepsia severa, esses 800 milhões de fibras nervosas foram cortados, a tese central sendo a de que a atividade convulsiva passava de um lado do cérebro ao outro pelo corpo caloso, aumentando a gravidade do episódio epilético. Os doutores Roger Sperry e Michael Gazzaniga acreditavam que, ao cortar a ponte entre os dois hemisférios, as crises seriam mais fáceis de se controlar. Eles estavam certos, e Sperry venceria o Prêmio Nobel em 1981 por seu trabalho.

Embora cada lado do cérebro se especialize em certos tipos de tarefas, os dois, em geral, mantêm uma comunicação contínua. Quando essa conexão foi rompida, contudo, tornou-se possível estudar o papel de cada hemisfério isoladamente. Por exemplo, até então os cientistas dependiam de danos cerebrais ou de métodos indiretos para testar as diferenças entre o lado esquerdo e o direito do cérebro. No entanto, com os hemisférios desconectados nesses pacientes epilépticos, os cientistas puderam testar cada lado de forma separada e descobrir diferenças funcionais entre os hemisférios esquerdo e direito. Esses pacientes eram chamados de pacientes com "cérebro dividido".

Para compreender essa pesquisa, também é importante saber que o corpo funciona por cruzamento: isto é, todos os dados do lado direito do corpo cruzam para o lado oposto e são processados pelo cérebro esquerdo, e vice-versa. Esse cruzamento também vale para a visão, de forma que a metade esquerda do que vemos vai para o hemisfério direito do cérebro, e vice-versa. Isso só se tornou óbvio após os pacientes com cérebro dividido. A pesquisa com esses pacientes levou a uma das mais importantes descobertas sobre o hemisfério esquerdo do cérebro — algo que ainda não foi completamente valorizado pela psicologia moderna ou pelo público geral.

Gazzaniga determinou que o hemisfério esquerdo do cérebro criava explicações e motivos para ajudar a dar sentido ao que acontecia.[1] O lado esquerdo agia como um "intérprete" da realidade. Além disso, Gazzaniga descobriu que esse intérprete estava muitas vezes completamente *equivocado*. Essa descoberta deveria ter abalado o mundo, mas a maioria das pessoas sequer ouviu falar dela. Para compreender melhor como o cérebro dividido funciona, vamos examinar algumas dessas pesquisas e suas descobertas em maior detalhe.

Os estudos clássicos

Em um dos primeiros estudos de Gazzaniga, a foto de um pé de galinha era mostrada apenas ao hemisfério esquerdo de um paciente com cérebro dividido, e a foto de uma nevasca era mostrada apenas ao hemisfério direito. Em seguida, várias imagens eram mostradas aos dois hemisférios ao mesmo tempo, e o paciente deveria escolher qual delas se aproximava mais das primeiras imagens apresentadas. Os dois lados do cérebro executaram a tarefa com perfeição; o hemisfério direito (usando a mão esquerda) apontou para a imagem de uma pá de remover neve, ao passo que o hemisfério esquerdo (usando a mão direita) apontou para a imagem de uma galinha. Depois as coisas ficaram mais interessantes.

O pesquisador fez uma pergunta simples ao paciente: "Por que sua mão esquerda está apontando para uma pá de remover neve?". Aqui é preciso ter em mente que, quando o pesquisador falava ao paciente com cérebro dividido, dirigia-se somente ao hemisfério esquerdo do paciente, já que esse lado controla a fala. O hemisfério esquerdo deveria ter dito: "Faz tempo que não falo com o cérebro direito, eu não sei por que ele faz o que faz com aquela mão esquerda", mas não foi isso que aconteceu. Sem hesitar, o cérebro esquerdo respondeu: "Ah, é simples: o pé de galinha faz parte da galinha, e você precisa de uma pá para limpar o galinheiro". O paciente afirmou isso com absoluta convicção. Eis a lição importante: baseando-se nas evidências disponíveis, o hemisfério esquerdo — o que fala — logo encontrou uma explicação plausível e coerente, mas *completamente incorreta*.

Em outro exemplo, pesquisadores apresentaram a palavra *caminhe* apenas ao hemisfério direito do paciente, que respondeu de imediato à solicitação, ficando de pé para se retirar da van em que o teste estava sendo feito. Quando perguntaram ao hemisfério esquerdo (o lado da linguagem) por que ele levantou e saiu caminhando, mais uma vez o intérprete apresentou uma explicação plausível, mas *completamente incorreta*: "Fui buscar uma Coca". Em outro exercício, a palavra *ria* foi apresentada ao hemisfério direito, e a paciente riu. Quando lhe perguntaram por que estava rindo, seu hemisfério esquerdo respondeu com uma piada: "Vocês vêm aqui e testam a gente todo mês. Que jeito de ganhar a vida!". Vale lembrar: a resposta correta seria "eu ri porque você me pediu".

Pensemos agora sobre a significância disso por um momento. O cérebro esquerdo simplesmente inventou interpretações, ou histórias, para os eventos de uma forma que parecia fazer sentido para ele (precisa-se de uma pá para limpar o galinheiro) ou como se ele tivesse comandado a ação (eu me levantei porque precisava de uma bebida, ou ri da minha própria piada). Nenhuma dessas explicações eram verdadeiras, mas isso era irrelevante para a mente interpretativa, que estava convencida de que suas explicações eram corretas.

O dr. V. S. Ramachandran, um dos neurocientistas mais inovadores do século 20, compartilhou uma teoria do hemisfério esquerdo muito semelhante à de Gazzaniga. Após conduzir seus próprios experimentos, Ramachandran descobriu que o papel do hemisfério esquerdo é o de estabelecer crenças e interpretações, nutrindo *pouca consideração pela realidade ao inventar suas interpretações.*

Por exemplo, os experimentos de Ramachandran incluíam pacientes cujo cérebro direito havia sido gravemente lesionado — deixando o lado esquerdo do corpo paralisado. Com esse nível de lesão ao hemisfério direito, o hemisfério esquerdo torna-se de fato o comandante. Quando Ramachandran perguntou a uma paciente afetada se ela podia mover sua mão esquerda paralisada, ela respondeu: "Sim. Não está paralisada". Outra paciente alegou que seu braço esquerdo paralisado era, na verdade, mais forte do que o direito e que ela podia erguer uma mesa grande a uma altura de quatro centímetros com ele. Outros se valeram de racionalizações para explicar a paralisia. Diziam coisas como "Não quero mover meu braço, dói" ou "Os estudantes de medicina passaram o dia me cutucando, e eu não quero movê-lo agora". Como nos estudos de Gazzaniga, o hemisfério esquerdo simplesmente inventava histórias para explicar a realidade sem qualquer consideração pela verdade.

Ao longo dos últimos quarenta anos, vários estudos adicionais mostraram que o hemisfério esquerdo é especialista em criar uma explicação para toda situação, mesmo se estiver incorreta. A verdade é que seu hemisfério esquerdo tem interpretado a realidade para você por toda a sua vida, e, se for como a maioria das pessoas, você nunca compreendeu as verdadeiras consequências disso.

Por exemplo, em outro estudo clássico, pediram a pessoas que pensam, percebem o mundo e se comportam de forma considerada normal que, dentre uma série de itens semelhantes, escolhessem qual deles era seu favorito.[2] A maioria das pessoas não sabe que temos uma preferência pelo lado direito, isto é: se você tem vários itens parecidos à sua frente, você terá preferência por um dos objetos à direita. Nesse estudo, os pesquisadores notaram essa tendência. Contudo, quando perguntaram aos participantes por que eles gostavam daquele item, ninguém mencionou uma preferência pela localização do objeto. Mais uma vez, o cérebro esquerdo criou uma teoria plausível, mas fictícia, e os participantes diziam coisas como "Eu gosto da cor" ou "Gosto dessa textura".

Para além disso, quando confrontados com a realidade — que uma preferência pelo lado direito é natural na maioria dos cérebros humanos normais —, quase todos os participantes negaram e contestaram essa ideia. Alguns até sugeriram que o pesquisador era um "louco". O cérebro desses indivíduos não podia suportar a ideia de que tinha escolhido uma coisa não por uma preferência real de seu piloto interior, mas devido a um critério arbitrário. Isso escapava à neblina do vício egoico, e para a maioria das pessoas essa experiência pode ser chocante e desconfortável.

Atribuição errônea da excitação

Outros estudos clássicos sugerem implicitamente que o self não é o que parece. Atribuição errônea da excitação é a ideia de que, quando nosso sistema nervoso é estimulado ou excitado — quando nossa pressão sanguínea sobe e nosso coração bate mais forte —, o intérprete do hemisfério esquerdo inventa uma história sobre a origem desse estímulo, e muitas vezes essa história é completamente falsa. Tal como o hemisfério esquerdo de um paciente com cérebro dividido cria uma teoria para explicar a realidade ("você precisa de uma pá para limpar o galinheiro"), esses estudos demonstraram que mesmo pessoas cuja comunicação entre os hemisférios permanece intacta criam histórias equivocadas quando se trata de uma excitação inexplicada. Isso quer dizer que excitação e paixão — entre outras emoções — podem sobrepujar nossa habilidade de raciocinar, deixando nosso intérprete do hemisfério esquerdo livre para inventar uma história que ele considere sólida.

Em um já famoso estudo,[3] homens foram instruídos a atravessar uma ponte segura ou uma ponte assustadora. Esta última tinha apenas 1,5 metro de largura e uma extensão de 137 metros, balançando ao vento sobre uma queda abrupta em direção a rochas e corredeiras. Como se pode imaginar, essa segunda ponte foi projetada para acelerar o coração e tirar o fôlego — em outras palavras, simular uma excitação. Depois que participantes do sexo masculino atravessaram as respectivas pontes, uma assistente pediu-lhes que preenchessem um questionário e criassem uma breve história sobre uma imagem que lhes foi apresentada. Por fim, os homens tinham então uma oportunidade de pedir o número de telefone da assistente para "conversarem mais tarde sobre o experimento". Nove dos dezoito homens que cruzaram a ponte assustadora contataram a assistente, ao passo que, dos dezesseis que atravessaram a ponte mais segura, menos excitante, apenas dois telefonaram. O cérebro desses homens tinha contado uma história que associava a excitação à assistente.

Você pode perguntar como sabemos que eles de fato se sentiram atraídos pela assistente. Sabemos disso porque, quando os pesquisadores analisaram as histórias que os homens haviam escrito sobre as imagens, o grupo da ponte assustadora abordou temas de natureza mais sexual. Isso sugere que o intérprete pode ser bastante extravagante em suas interpretações e se distrai com facilidade.

Outros pesquisadores exploraram esse mesmo fenômeno fazendo uma assistente dizer aos participantes que eles fariam testes de equilíbrio.[4] Os homens foram vendados e postos numa cadeira de dentista reclinável. É provável que um barulho alto combinado com uma inclinação "acidental" da cadeira para trás tenha estimulado o sistema nervoso dos participantes. Depois da inclinação, e pela comparação com os testes de controle, os participantes acharam a assistente de pesquisa mais atraente.

Em um segundo estudo, a assistente foi substituída por um assistente do sexo masculino. Depois do incidente excitante, os participantes homens *não gostaram* do assistente masculino com mais frequência do que nos testes de controle. Esses estudos indicam que atração e rejeição podem ser apenas mais uma interpretação do cérebro esquerdo, e quanto mais rápidas as batidas do nosso coração e mais abundante nosso suor, mais intensa essa interpretação.

Uma dupla diferente de pesquisadores pediu a um grupo de pessoas para julgar se alguém era atraente a partir de uma fotografia, com um detalhe: a foto só foi mostrada antes ou depois de um passeio de montanha-russa.[5] A escala de atratividade foi maior depois que o participante andou de montanha-russa, pois o intérprete confundiu a excitação do brinquedo com a excitação da atração. Essa pesquisa também ajudou a revelar a inteligência e sofisticação do intérprete do cérebro esquerdo: o efeito da excitação não se fez presente para aqueles que andaram de montanha-russa na companhia de um parceiro romântico! Em outras palavras, se você — ou, na verdade, seu cérebro esquerdo — já está em um relacionamento, não há cafeína ou passeios de montanha-russa que o façam achar determinada pessoa desconhecida mais atraente.

Em um dos estudos originais de Gazzaniga sobre os pacientes com cérebro dividido,[6] os pesquisadores apresentaram ao cérebro direito o vídeo de uma pessoa sendo jogada no fogo. É muito provável que isso tenha excitado o sistema nervoso da paciente e estimulado o medo em seu cérebro direito, mas o cérebro esquerdo da paciente não sabia explicar a razão e ficou em busca de uma explicação. Ela disse: "Não sei por que, mas estou com um pouco de medo. Estou inquieta. Não gosto desta sala, ou talvez você me deixe nervosa". Mais tarde, para outro pesquisador, seu cérebro esquerdo disse: "Eu sei que gosto do dr. Gazzaniga, mas neste momento estou com medo dele por alguma razão".

Esses estudos sugerem fortemente que vivemos nossa vida sob a direção do intérprete, e, para a maioria de nós, a mente é um chefe do qual não estamos sequer conscientes. Podemos ficar com raiva, ofendidos, sexualmente excitados, felizes ou amedrontados, e não questionamos a autenticidade desses pensamentos e dessas experiências. Embora não haja dúvida de que essas experiências estejam acontecendo conosco, de alguma forma ainda retemos a ideia de que controlamos tudo.

Agora eu gostaria de lhe fazer um convite para pensar sobre o mecanismo interpretativo de sua própria mente à luz do que acabei de relatar sobre esses experimentos. Por exemplo, se algo notável acontece — um motorista faz uma barbeiragem no trânsito, alguém se levanta e subitamente sai correndo de uma sala ou uma pessoa atraente olha para você por um tempo um pouco mais longo do que o normal —, você ouve uma voz na sua cabeça que cria uma explicação para o evento: "Esse cara é um babaca", "Esse sujeito deve ter esquecido alguma coisa" ou "Essa pessoa está interessada em mim". Note que todas essas hipóteses são meras interpretações; podem ser verdade ou não. Contudo, como muitas pessoas não estão conscientes do intérprete do cérebro esquerdo, elas não conseguem sequer conceber que estão lidando com interpretações; em vez disso, sentem-se convictas de que estão vendo as coisas "como elas realmente são".

Tenho certeza de que você consegue se lembrar de um momento em que interpretou uma situação — ou mesmo criou um problema — e só depois percebeu que estava equivocado. Pense em uma ocasião em que achou que um amigo estava chateado com você e depois descobriu que ele não estava, ou quando tinha certeza de que conseguiria aquele emprego novo, mas ninguém telefonou. A maioria desses casos é bem insignificante e logo os atribuímos à ideia de que "Eu fiz uma suposição", mas essa explicação fracassa em dois aspectos.

O primeiro é que a mente interpretativa está fazendo constantes interpretações sem um panorama completo dos fatos e acha que essas interpretações são verdadeiras, muitas vezes sem duvidar de sua conclusão. Depois, quando uma interpretação se revela falsa, a mente interpretativa às vezes a classifica como erro; no entanto, com base nas descobertas desses primeiros experimentos, é seguro dizer que vários desses erros de interpretação passam despercebidos e nunca são reconhecidos. Como quando o paciente com cérebro dividido associou a pá ao galinheiro sujo ou achou que havia se levantado para pegar uma bebida, esses estudos indicam que, quando ações ou fatos emergem de lugares inacessíveis ao hemisfério esquerdo, a porção interpretativa da nossa mente apenas inventa uma explicação. E, como dissemos, essa explicação *pode não ter nada a ver com a realidade.*

O segundo aspecto que é desconsiderado na explicação "Eu fiz uma suposição" é o pressuposto do "Eu". Nesses experimentos, o "Eu" que faz uma suposição é apenas a porção interpretativa da mente. Já vimos como esse "Eu" pode estar equivocado sobre mil coisas no mundo "exterior". Será então possível que esse "Eu" esteja errado até sobre a interpretação que faz de si mesmo? É nesse sentido que Gazzaniga fala do "nosso self ficcional".

Também é isso que as tradições espirituais do Oriente vêm dizendo há 2.500 anos. Essas tradições, e o budismo em particular, afirmam categoricamente que a ideia de self é uma ficção bastante convincente. Além disso, sugerem que compreender e aceitar que o self é uma ficção pode levar ao fim do sofrimento.

Por que essas tradições fariam essa conexão? Bem, as explicações imprecisas geradas pelo hemisfério esquerdo do cérebro, bem como a pressuposição desse "eu", são as causas predominantes do sofrimento interno pelo qual passamos como humanos. Vamos examinar um exemplo simples, retirado da vida real.

Tenho uma amiga que estava convencida de que seus colegas de trabalho não gostavam dela. Ela falava sobre isso todos os dias e se chateava. A coisa chegou a tal ponto que ela odiava ir ao escritório. Então aconteceu uma coisa no trabalho, e ela descobriu que essa narrativa construída em torno de seus colegas era completamente falsa; de fato, a verdade era o completo oposto. Ao descobrir isso, minha amiga adquiriu uma compreensão profunda de como o hemisfério esquerdo de seu cérebro havia interpretado uma situação de maneira absolutamente imprecisa, provocando-lhe imenso sofrimento.

A grande diferença entre as tradições espirituais orientais e a psicologia é que aquelas reconheceram esse fato de maneira experiencial, ao passo que esta última o fez de maneira experimental (e, aliás, acidental). Como resultado, aqueles que estudam e ensinam psicologia ainda se mostram em grande parte incapazes de apreciar plenamente o que significa experienciar o intérprete como uma ficção.

Talvez isso explique por que o mundo da psicologia tenha dado tão pouca atenção às implicações das descobertas de Gazzaniga. Em minha própria experiência, tendo tratado desse tópico por vinte anos, ao fim de uma palestra eu sempre penso que os estudantes vão jogar coisas em mim, se rebelar e protestar, ou apenas se retirar quando digo que as evidências sugerem que o self como o imaginamos não existe. No entanto, em geral, os estudantes continuam sentados fazendo suas anotações, mesmo depois de eu ter desafiado completamente suas ideias sobre quem eles acham que são. Posso perguntar mil vezes por que não reagem à bomba que acabei de jogar neles, mas em todas as ocasiões eu deparo com rostos sem expressão ou risadinhas nervosas ocasionais, à espera do tópico seguinte. Quando afinal consigo arrancar uma reação de um estudante, é semelhante ao feedback que outros pesquisadores já tiveram de enfrentar: isso deve ser uma loucura da minha cabeça.

Como eu disse, o self tem vários mecanismos embutidos para garantir que ele seja levado a sério. A importância desses experimentos pode ser fácil de ignorar cognitivamente, mas compreender e sentir as profundas ramificações desse trabalho pode mudar radicalmente sua vida. Digo isso porque, embora o intérprete do cérebro esquerdo esteja sempre ativo e não possa ser desligado, uma vez que ele é reconhecido — ou uma vez que nos tornamos conscientes de suas constantes interpretações —, uma nova percepção consciente de nós mesmos e do mundo começa a emergir. Em vez de uma identificação forte com o "eu" dentro da nossa cabeça, começamos a pensar coisas do tipo "isso é o intérprete do meu cérebro esquerdo inventando histórias".

E, quando as histórias criadas não evocam uma reação mental e emocional tão forte, nosso sofrimento diminui.

Exploração

Um rápido experimento. Por dez segundos, olhe ao seu redor e anote mentalmente o que você vê. Quando terminar, volte e continue a ler.

O que está na sua lista? Aposto que há coisas como mesa, cadeira, árvore, grama, carro, computador etc. Aposto também que a palavra *nada* não está na sua lista. Isso é muito interessante, pois, como exploraremos em outro capítulo, a maior parte do que há de fato ao nosso redor e que conecta as coisas de um jeito que o cérebro esquerdo não consegue processar é o nada ou o espaço vazio. Esse rápido exercício é projetado para mostrar como o cérebro esquerdo funciona: ele foca os objetos no espaço, rotula-os, categoriza-os e tenta dar sentido a eles. Nós nos tornamos tão bons em organizar nossa percepção em categorias e padrões que é difícil enxergar a realidade de outro jeito.

Para seguir adiante, eis aqui algumas questões a se considerar: assim como o cérebro esquerdo olha para fora e foca apenas os objetos, categorizando e rotulando, é possível que ele também olhe para dentro e faça a mesma coisa? Em outras palavras, será que o cérebro esquerdo vê o pensamento acontecendo no cérebro e, a partir desse processo, cria continuamente uma "coisa" que ele rotula de "eu"? Esse senso de self estaria relacionado à capacidade de discernir padrões na aleatoriedade? Será possível que o self no qual investimos tanto não passe de uma história que nos ajuda a explicar nossos comportamentos, a miríade de eventos que acontecem na nossa vida e nossas experiências no mundo?

Você já olhou para as estrelas no céu à noite ou para as nuvens durante o dia e teve certeza de poder identificar algum padrão? Será que você comete o mesmo erro todos os dias quando olha para seu próprio interior e encontra ali um ego ou um self?

CAPÍTULO 2

LINGUAGEM E CATEGORIAS — AS FERRAMENTAS DA MENTE INTERPRETATIVA

A mente é uma ferramenta. A questão é: você usa
a ferramenta ou a ferramenta usa você?
— Provérbio zen

Agora que conhecemos o intérprete do cérebro esquerdo e demonstramos como ele está constantemente analisando nossas experiências e inventando histórias sobre a realidade — sem grande consideração pela verdade —, é hora de apresentar duas das principais ferramentas do intérprete do cérebro esquerdo: linguagem e categorização. Examinando com atenção esses dois mecanismos prediletos do cérebro esquerdo, podemos ver como essas ferramentas, quando voltadas para nosso interior, são cruciais na criação de um senso de self.

Para começar, quero contar o curioso caso de Louis Victor Leborgne, que, aos 30 anos de idade, perdeu misteriosamente a capacidade de falar.[1] Embora ainda pudesse compreender o que lhe diziam, a única palavra que conseguia proferir era *tan* — que se tornaria mais tarde seu apelido. Depois da morte de Tan, o médico e cientista Paul Broca descobriu lesões na parte frontal esquerda de seu cérebro, a parte responsável pela produção direta da fala — agora chamada de área de Broca. Assim, mesmo que Tan pudesse compreender a linguagem e se comunicar, a parte do cérebro que controlava a fala havia sido lesionada a ponto de sua capacidade expressiva se reduzir a uma única palavra. No caso de Tan, o hemisfério direito do cérebro permaneceu ileso, de modo que sua condição ofereceu à ciência uma das primeiras ocasiões para descobrir qual a parte do cérebro que era central à fala.

A partir do caso de Tan e pelas pesquisas em pacientes com cérebro dividido, sabemos que o cérebro direito compreende a palavra falada e escrita, embora não controle a fala. É por isso que pacientes com cérebro dividido conseguiram entender comandos escritos mostrados apenas ao hemisfério direito, como o "caminhe", mencionado no capítulo anterior. Quando apresentaram uma palavra apenas ao campo visual esquerdo/cérebro direito (o campo visual direito ficou bloqueado, não transmitindo nenhuma informação ao cérebro esquerdo), o cérebro direito do paciente foi efetivamente capaz de ler essa palavra, de outra forma não teria executado o comando. Esse caso paradigmático e muitos outros estudos desde então estabeleceram as bases para o nosso entendimento de que o cérebro esquerdo é o centro dominante da linguagem.[2] Um detalhe importante: inclui-se aqui a fala interior que usamos quando conversamos com nós mesmos.[3]

Considerando que a linguagem é controlada pelo cérebro esquerdo, não é coincidência que seja ela a principal forma de expressão do intérprete. Isso é mais perceptível quando nos comunicamos com os outros, mas o intérprete também fala consigo mesmo na forma de pensamentos. Esse diálogo interno acontece de forma contínua com quase todo mundo no planeta, desempenhando um papel central na criação da miragem que chamamos de self.

A questão então se impõe: o que é a linguagem exatamente? Bem, pode-se dizer que a linguagem é apenas uma forma de mapeamento. Tal como um mapa representa um lugar, a linguagem cria símbolos, ou palavras, que representam outras coisas. Por exemplo, uma *cadeira* se chama cadeira porque houve um consenso quanto a esse símbolo ou palavra. Mesmo se todos nós decidíssemos chamá-la de *limão*, ela não deixaria de ser um bom lugar para sentar.

Na excelente obra *The Master and His Emissary: The Divided Brain and the Making of the Western World*,[4] Iain McGilchrist descreve o papel central do cérebro esquerdo como um mapeador da realidade, a linguagem fazendo o papel da caneta com que o cérebro esquerdo desenha. A linguagem pode ser, obviamente, de grande ajuda na comunicação com os outros; mas o cérebro esquerdo se torna tão dependente da linguagem que chega a tomar o mapa da realidade pela própria realidade. Há um velho provérbio zen que aponta esse problema, aconselhando-nos a não "confundir o cardápio com a comida".

Quando a mente confunde o mapa com a realidade, o resultado é que seguimos às cegas em um mundo de narrativas criadas pelo intérprete do cérebro esquerdo com base na linguagem. Lembrando que o cérebro esquerdo inventa histórias nas quais acredita plenamente — muitas vezes sem consideração pela verdade —, é como se consultássemos um mapa impreciso. Qualquer pessoa que já se deixou levar para um beco sem saída pelo GPS do celular sabe como isso pode ser frustrante.

Para ser claro, não há nada errado em fazer mapas de modo geral — precisamos de mapas. A questão, como diz o erudito Alfred Korzybski, responsável por desenvolver o campo da semântica geral, é que o cérebro esquerdo confunde mapa com território.[5] Passaremos muito tempo navegando dentro desse enquadramento equivocado. A associação que fazemos entre nosso verdadeiro self e a voz que escutamos constantemente dentro da nossa cabeça é um exemplo desse equívoco: tomamos o mapa (a voz) pelo território (o que somos de verdade). Esse passo em falso é uma das grandes razões pelas quais a ilusão do self é tão difícil de ser percebida.

No que é provavelmente o experimento mais estudado na história da psicologia, o efeito Stroop[6] demonstra como o cérebro esquerdo toma a linguagem ao pé da letra, confundindo o símbolo com a coisa em si.

Por exemplo, imagine que lhe apresentem tecidos coloridos e peçam para identificar os tons. Isso seria fácil. Em seguida, imagine que uma cor particular fosse apresentada na forma de uma palavra — VERMELHO, por exemplo, escrita na cor vermelha. Seu cérebro esquerdo adoraria isso. Mas o que aconteceria se a palavra fosse AMARELO, mas estivesse escrita na cor azul? Seu tempo de resposta para identificar as cores corretamente será bem mais lento quando a palavra e a cor não corresponderem — tão mais que o atraso será perceptível mesmo sem um cronômetro e outros instrumentos. Esse tempo de reação mais lento é o que conhecemos como efeito Stroop.

Por que uma simples distorção nos símbolos e nas cores nos faz gaguejar e hesitar tão flagrantemente? Como o cérebro esquerdo confunde mapa e território, ele lê a palavra AMARELO e evoca a cor amarela, em vez da cor azul na qual foi escrita.[7] Quando cor e palavra não correspondem, o tempo de reação aumenta para que o cérebro tente desatar o nó. Isso não acontece se você não sabe ler ou se a palavra está em um idioma que você não conhece. Fiz esse teste com meus dois filhos ao longo do tempo e notei que, à medida que o cérebro esquerdo deles começava a levar mais a sério os símbolos da linguagem, o efeito Stroop aumentava lentamente.

Esse estudo sugere o imenso poder que as palavras têm sobre o hemisfério esquerdo do cérebro. É algo que me faz pensar naquela velha frase que ouvimos na infância — "paus e pedras podem quebrar teus ossos, mas palavras nunca vão te machucar". No fim das contas, dependendo de quão a sério levarmos o processamento do cérebro esquerdo, isso talvez seja mentira. O pesquisador Martin Teicher descobriu que o abuso verbal é, pelo menos, tão prejudicial quanto o abuso físico, sendo um forte fator de risco para a depressão e outras desordens psicológicas.[8] Na sociedade moderna, nós muitas vezes damos às palavras uma importância tão grande quanto a que dispensamos ao mundo físico que elas representam.

Além disso, nosso cérebro esquerdo está tão amarrado ao poder das palavras que fica difícil perceber o efeito delas. Pense em quando alguém lhe diz algo que você considera doloroso. Talvez você sofra muito, mas a verdade é que essa pessoa estava apenas compartilhando uma opinião e expressando-a por meio de sons que emanavam de sua caixa vocal. Como algo assim poderia "machucar" você? É óbvio que o que machuca é a interpretação daquelas palavras ou o mapa que aqueles sons criaram em seu cérebro esquerdo. Agora, imagine se não houvesse um self que pudesse se machucar? Nesse caso, as palavras dirigidas para esse "você" seriam um problema?

Outra coisa que vale dizer sobre os mapas é que eles necessariamente deixam de fora muitos detalhes. É por isso que mapas de verdade são úteis. É muito mais fácil levar um mapa do parque no bolso do que o próprio parque. Mapas deixam de fora detalhes que podem nos confundir, pois é muito mais difícil se orientar quando incluímos todos os pássaros, plantas, carros ou ruas na equação.

Por outro lado, mapas deixam de ser úteis quando são confundidos com o que eles representam. Não dá para jogar bola no mapa de um parque. Nesse sentido, a linguagem é uma funcionária excelente, mas uma chefe terrível. Ou, dito de outra forma, palavras são ferramentas maravilhosas, mas vale lembrar um velho provérbio zen: "Você usa a ferramenta ou a ferramenta usa você?".

Na minha opinião, ao confundir a voz na sua cabeça com quem você de fato é, a ferramenta está usando você. A linguagem cria uma história, e essa história — combinada com nossas memórias e a sensação de um centro de comando atrás da nossa testa — cria a ilusão de um self com o qual praticamente todas as pessoas do planeta se identificam. Da mesma forma que confundimos palavras com o que elas representam, também usamos nossos pensamentos, feitos de linguagem, como base para um self ficcional que confundimos com um self genuíno. Muita gente conhece a história de Helen Keller, que perdeu a visão e a audição muito cedo na vida. É bastante revelador quando ela diz que só desenvolveu um senso de self *depois* de adquirir a função da linguagem.[9]

Vamos examinar outras formas pelas quais a linguagem influencia nossa percepção da realidade. Por exemplo, é comum rotular comida congelada como "comida fresca congelada". Essa frase foi a fonte de um célebre desabafo do famoso chef de cozinha Gordon Ramsay. Como ele bem disse, "comida fresca congelada [...] não existe: ou é fresca, ou é congelada". Mas os marqueteiros sabem que escrever a palavra *fresca* no pacote mudará nossa percepção da comida. É fácil ser enganado pelo que as palavras nos dizem, pois apostamos muito na linguagem como um mapa confiável da realidade.

Em outro exemplo, o trabalho da psicóloga Elizabeth Loftus demonstrou que, se um conjunto de pessoas vê um pequeno acidente de trânsito e em seguida é separado em dois grupos, as percepções do acidente podem ser alteradas pelas palavras.[10] Quando perguntamos a um dos grupos "Qual era a velocidade dos carros quando *bateram violentamente*?", os participantes relatam velocidades mais elevadas do que quando perguntamos "Qual era a velocidade dos carros quando *colidiram*?" ao outro grupo. Só de usar palavras diferentes — *bater violentamente* e *colidir* —, criamos duas percepções diferentes da mesma realidade.

A raiz do problema é que frequentemente vemos a linguagem como uma representação da realidade, confundindo-a com a própria realidade. Esse equívoco contribuiu significativamente para o nosso sofrimento quando levamos as palavras muito a sério. Podemos ficar desapontados com a comida congelada que esperávamos ter um sabor mais fresco. Levando isso a um extremo mais significativo, podemos discernir aí um fator relevante no fenômeno moderno do suicídio entre adolescentes que sofreram bullying na internet.

Um especialista em categorização

Outra característica do cérebro esquerdo é a tendência constante à criação de categorias. No fundo, quase tudo que o cérebro esquerdo faz, da linguagem à percepção de objetos no espaço, tem uma natureza categorial.

O que queremos dizer com *categoria*? Categorias são simplesmente outro tipo de mapa da realidade. Há representações mentais que não existem no mundo "lá fora", apenas na mente humana — em específico, no hemisfério esquerdo do cérebro. Categorias têm por base a habilidade do cérebro esquerdo de identificar diferenças e criar oposições, além de serem formadas quando se agrupam coisas que são contínuas no mundo a partir de alguma característica em comum, tratando-as, então, como uma unidade.

Em termos de pensamento simbólico humano, categorias são muito úteis. Se sua casa estivesse pegando fogo, o que você salvaria? Os filhos, os cachorros e, se houver tempo, as joias. De repente, coisas que parecem bem diferentes são agrupadas e tratadas como uma coisa só: todos os filhos (não apenas Jeremy), todos os cachorros (não apenas o border collie), todas as joias (não apenas os brincos). Para um biólogo, a categoria do *mamífero* é útil, ainda que trate cachorros e baleias como iguais. Para estabelecer essas "equivalências de classe", outras diferenças precisam ser ignoradas. É algo semelhante ao último tópico, pois, tal como a criação de mapas, categorias ignoram certos detalhes. Além disso, toda categorização desaba a certa altura. Pense nos infinitos tons de cinza que há entre o preto e o branco. Quando o preto vira branco? Ao formar uma categoria, selecionamos várias coisas e acreditamos que são uma coisa só — um bloco diferente e separado de todo o resto. Naturalmente, é tudo subjetivo.

Desde que nos lembremos de que categorias são apenas representações mentais (pensamentos), elas podem ser muito úteis; em outras palavras, categorias existem como "coisas" apenas na mente e apenas no ato de percebê-las. Os problemas surgem quando acreditamos que essas "coisas" são reais.

Por exemplo, imagine se você aparecesse na universidade onde leciono e me pedisse para lhe apresentar a universidade. Depois de conferir todas as instalações, você começa a se sentir frustrado e diz: "Sim, eu vi esse e aquele prédio, mas onde está a *universidade*?". Eu teria que apontar para o hemisfério esquerdo da minha cabeça e dizer "só existe aqui", pois ela só existe como uma categoria e pode mudar a depender do interlocutor. Quando ninguém pensa nela, ela não existe. Pode-se dizer o mesmo dos países. Onde está o país Canadá quando não há ninguém para concebê-lo? Claro, não estou dizendo que a terra e os edifícios desaparecem, mas suas divisões em categorias dependem de um observador e de um julgamento. O país do Canadá é baseado em linhas arbitrárias em um mapa — embora tenhamos construído um complexo sistema de fronteiras. Se ninguém tivesse em mente um lugar chamado Canadá, ele ainda existiria?

Voltando-nos agora para o nosso interior, consideremos como esse mecanismo de categorização pode ser empregado pelo cérebro esquerdo para criar um senso de self. Por exemplo, pense em todas as formas com que podemos responder à pergunta "quem é você?". A maioria das pessoas como eu diria coisas como "Sou um homem, um pai, um marido, um professor, um autor" etc. Mas, se você prestar atenção, embora todas essas coisas apontem para possíveis formas de me categorizar, elas não respondem com precisão à pergunta "quem sou eu?", talvez porque o "Eu" que estou buscando é algo mais próximo da universidade ou do país Canadá. Claro, a entidade física do meu corpo e do meu cérebro existe, mas o "Eu" que atribuo a ela só existe em pensamento — e só quando eu penso nela. Será que não conseguimos responder definitivamente a essa pergunta porque o "Eu" a que nos dirigimos não é uma coisa de verdade?

Visto por essa perspectiva, o "Eu" é só uma ficção útil, categorial e expressa pela linguagem. Mas, ao contrário das ficções categoriais da universidade e do Canadá, acreditar de todo coração na ficção do self — de fato, tornar o intérprete do cérebro esquerdo o mestre, e não o servo — tem consequências impensáveis. O sofrimento é uma delas.

Além disso, a obsessão do cérebro esquerdo com categorias também oferece um bom exemplo de como o cérebro esquerdo pode acabar se enrolando. O que veio primeiro, o ovo ou a galinha? Se Deus criou tudo, quem criou Deus? Quanto mais nos aprofundamos, mais nos enrolamos em um dilema de causalidade com regresso infinito.

Este é o dilema do hemisfério esquerdo do cérebro: há um limite para o seu entendimento pela categorização e a interpretação, e embora possamos chegar fácil e rapidamente a esse limite, muitas pessoas, incluindo alguns dos psicólogos e filósofos mais conhecidos do Ocidente, desconsideram esse fato e apostam tudo no poder do pensamento.

Para ir além do intérprete, parece ser preciso driblar completamente a questão de "como ir além das categorias". Se alguém tenta nos ensinar como não pensar em termos categoriais, acabamos às voltas com mais categorias. Seria divertido intitular um livro *Como não pensar categorialmente* — no fundo, seria mais uma distinção em termos de categoria: pensamento categorial *versus* pensamento não categorial. *Pensar é pensar em categorias, e não há como fugir disso*. Há, contudo, outras formas de inteligência associadas ao hemisfério direito do cérebro que estão além da capacidade da mente interpretativa, e examinaremos essas formas um pouco mais adiante.

Julgamentos

Categorias são criadas quando tomamos algo que é contínuo e traçamos a proverbial linha na areia para estabelecer separações. Definir limites requer julgamento. Sem julgamento, as categorias não poderiam existir. De fato, pode-se dizer que a palavra mais próxima de *intérprete* seria *juiz* (sem o aspecto moral do julgamento). Interpretar coisas é julgá-las, e não podemos fugir disso.

Ao longo da escala contínua de temperatura, onde exatamente o frio se torna quente? Quando você se ofende? Quando o bem vira mal? Quando um evento se torna uma catástrofe? Um fracasso? Quando se passa da pobreza à riqueza? Quando a felicidade se torna tristeza? O que separa todas essas coisas?

Reconhecer isso traz benefícios práticos imensos. Tomar consciência do intérprete e das infinitas categorias que ele cria por meio de julgamentos nos liberta da sensação de inevitabilidade desses julgamentos. Ou seja, quando se torna consciente do intérprete, você fica livre para não levar aquelas interpretações tão a sério. Em outras palavras, quando percebe que o cérebro de todo mundo sempre está interpretando, da maneira mais subjetiva e, com frequência, de forma imprecisa ou completamente incorreta, talvez você se sinta capaz de enxergar essas interpretações como "meras opiniões" ou "pontos de vista" em vez de tomá-las como "as coisas são assim mesmo". Você começa a perceber seus julgamentos apenas como uma linha diferente na areia. Quando alguém se aproxima com uma atitude "é assim que as coisas são", você passa a entender que essa pessoa está dominada pelo hemisfério esquerdo do cérebro, que ela serve a um mestre. Como resultado, não há razão para levar as ações ou atitudes dessa pessoa a mal; trata-se de uma função biológica que ela ainda não reconheceu. Essa pequena mudança de perspectiva é suficiente para mudar a forma como vivemos com os outros e com nós mesmos.

Além disso, quando você compreende que o cérebro esquerdo está apenas fazendo o trabalho dele, interpretando e julgando, as histórias que ele cria já não disparam a mesma reação física em seu sistema nervoso. Um julgamento momentâneo do tipo "Eles não gostam de mim" não precisa deflagrar mãos suadas e palpitações dignas de um pequeno ataque do coração. Essa percepção consciente do intérprete pode mudar profundamente a maneira como você vivencia o mundo. Ademais, quando passa a observar o intérprete, você faz menos julgamentos e consegue não os levar muito a sério, pois já sabe que apenas acontecem.

Crenças

O intérprete do cérebro esquerdo também cria e sustenta uma coleção de pensamentos categoriais fundamentados em julgamentos, agrupando-os em termos de preferências e antipatias, ideias de certo e errado, e modelos mentais de como as coisas devem ser. Em conjunto, chamamos esses julgamentos de *nosso sistema de crenças*.

No entanto, sistemas de crença são como a universidade onde leciono ou o país Canadá: não existem no mundo "lá fora", apenas no cérebro esquerdo e só quando as pessoas estão pensando neles. Pense nas crenças mais populares: meu país é o melhor; minha religião é a verdadeira; acho que fulano de tal deveria ser presidente da república. Nenhuma dessas crenças existe separada do mundo, apenas na mente e só no momento em que alguém a cria pelo processo de pensamento.

Além disso, se todo mundo acredita em algo diferente, não podemos estar todos certos. Qual é a probabilidade de só você ter as crenças certas e o restante do mundo estar errado? Quando nos identificamos profundamente com o intérprete do cérebro esquerdo, onde nossas crenças estão abrigadas, tendemos a pensar que essas crenças não são meros constructos do pensamento, mas "a maneira como as coisas são".

Crenças são interessantes, pois de fato têm um grande poder sobre nós. Tanto é assim que a ciência se vale delas em estudos controlados, lançando mão daquilo que a maioria de nós conhece como efeito placebo.[11]

Placebo é um procedimento ou medicamento que não faz nada. Por exemplo, pode ser uma gota salina ou um comprimido de açúcar em vez de uma medicação. O efeito placebo ocorre quando um paciente recebe um placebo, mas confia que está tomando um remédio de verdade. Como o cérebro acredita que está recebendo um medicamento para certa doença, o paciente sente seus "efeitos", embora nenhum ingrediente ativo tenha sido administrado.[12]

Embora os mecanismos do efeito placebo ainda sejam desconhecidos, de alguma forma a crença de que se está tomando um comprimido para combater determinada doença afeta o cérebro tal como o próprio medicamento afetaria, como já atestado em certos estudos sobre efeito placebo e pacientes com doença de Parkinson.[13] Como se pode depreender, o efeito placebo é um dos exemplos mais poderosos do clássico equívoco em que o cérebro confunde mapa e território. É por isso que muitos experimentos são "cegos", e o paciente não sabe se está tomando a droga real ou não. Não se pode dizer ao paciente: "Você só está tomando um comprimido de açúcar, mas eu quero que você acredite que é uma droga ativa real" ou, pelo contrário, "você está tomando um remédio de verdade, mas eu quero que você acredite que é um comprimido de açúcar". Se o cérebro soubesse dessa informação, seria impossível "acreditar" ou "fingir que" o oposto era verdade com precisão, por mais que tentássemos. A ideia de que não podemos controlar nossas crenças é tão fundamental para a ciência que um placebo ou grupo de controle (um grupo monitorado e observado como parte de um experimento, mas sobre o qual não se aplica qualquer procedimento experimental) são efetivamente parte da definição do que constitui um experimento.

Um dos pilares da filosofia oriental e do budismo em particular é a ideia de que não somos nossos pensamentos e crenças. Claro, quando nos identificamos com o intérprete — quando, possuídos por ele, não estamos cientes de seus efeitos —, talvez possamos, sim, dizer que *somos* nossos pensamentos e crenças, ainda mais porque há certas crenças que não podemos simplesmente mudar, mesmo se quiséssemos. Nossos gostos, preferências, antipatias etc. são exemplos de crenças sobre as quais temos pouco controle. Por exemplo, você conseguiria acreditar que não gosta de chocolate, se você gosta? Conseguiria acreditar que é Albert Einstein se eu lhe desse um milhão de dólares? Não digo meramente fingir acreditar; você conseguiria genuinamente virar suas crenças principais do avesso? Por mais que se tente, ninguém é capaz de inventar uma crença do nada.

Não ter controle sobre nossas crenças pode ser uma fonte de ansiedade em sistemas religiosos cujo fundamento é a crença. Muitos desses sistemas estão articulados de tal maneira que a salvação eterna ou a moralidade dependem de uma crença específica. E, como é impossível controlar nossas crenças, talvez seja impossível ser salvo, o que torna a situação um tanto estressante. Pior ainda, se acredita na existência de um ser onipotente capaz de ler seus pensamentos, você não pode só fingir ou inventar alguma coisa, como faço quando minha esposa me pede para escolher, entre as opções de cortina, qual é a minha preferida.

Vamos examinar como uma forte identificação com um sistema de crenças pode provocar sofrimentos. Qual é a maior fonte de conflitos entre as pessoas? Por que brigamos? Ligando a tevê em qualquer canal, podemos constatar o sofrimento intenso que ocorre devido a sistemas de crença opostos. As pessoas matam e morrem por suas crenças o tempo todo, mas não por qualquer crença — apenas aquelas nas quais acreditam sem jamais reconhecer que são apenas crenças. É assim que o intérprete confunde a realidade com uma crença de base mental, sendo apenas mais um exemplo da confusão entre mapa e território. O intérprete do cérebro esquerdo não apenas cria e mantém essas pressuposições sobre o mundo, como faz parecer que elas de fato representam o mundo tal como ele é. Isso se torna muito inquietante quando consideramos a capacidade do cérebro esquerdo de inventar histórias que não têm nada a ver com a realidade, como várias pesquisas demonstraram.

Para deixar claro, não há nada errado com uma crença se você entende o que ela é: o resultado de um processo que acontece no hemisfério esquerdo do cérebro, levado a cabo por um grupo de células cerebrais em relações neuroquímicas. O velho ditado zen de que "certo e errado são a doença da mente" indica justamente esse dilema, uma vez que "certo" e "errado" são apenas crenças que só se convertem em doença quando as encaramos com tanta seriedade que se tornam "a maneira como as coisas são".

Apenas quando começamos a perceber que o intérprete está criando e sustentando nossas crenças podemos nos tornar menos apegados à ideia de que nossas crenças são "corretas". Isso nos abre a novas ideias e à possibilidade de que, para outras mentes interpretativas, são nossas crenças que podem estar "erradas".

Voltando-nos para o nosso interior por um momento, examinemos de novo a questão central deste livro. Será loucura imaginar que o cérebro esquerdo se vale de todas as ferramentas mencionadas de linguagem, categorização e julgamento para criar a crença em um self individual? Se sim, estaríamos tão amarrados a essa crença que — como acontece com outras crenças — a vemos como "a maneira como as coisas são" em vez de vê-la como apenas mais uma crença?

Tendo essa possibilidade em mente, podemos perceber que, a partir do momento em que a crença em um self individual se estabelece, nós dividimos e categorizamos esse self individual, transformando esse self imaginário em um projeto de aperfeiçoamento pessoal. Isso resulta nas crenças gêmeas de que "este sou eu" e de que "este é quem eu quero ser"; essa divisão interna, contudo, segue sendo apenas mais uma função do cérebro esquerdo, sempre ocupado em sua tarefa de separar todas as coisas em categorias opostas.

Da mesma forma que separa e categoriza todo o mundo externo, o intérprete também trabalha para separar e categorizar o mundo interior em crenças conflitantes envolvendo um controlador (o self presente) e uma coisa a ser controlada (o self futuro), criando um conflito interior que não pode ser solucionado. Somos a única espécie conhecida que pode acreditar em si mesma, mentir para si mesma, convencer a si mesma, amar ou odiar a si mesma, aceitar a si mesma, derrubar e até erguer a si mesma. Essas crenças são fundamentais para a história humana, fazendo parte tanto dos dramas contados por Homero na Grécia Antiga quanto das manchetes nos noticiários de hoje.

Explorações

Vamos realizar algumas explorações práticas para elucidar as formas como o intérprete do cérebro esquerdo opera.

Observe o poder do sim versus o poder do não

Este exercício é semelhante ao efeito Stroop, baseando-se em pesquisas sobre como o cérebro responde ao ver as palavras *não* e *sim*.[14] Por exemplo, digamos que você encontre um cartaz em que se lê simplesmente NÃO em letras garrafais. Seu cérebro provavelmente reagirá a isso. Por outro lado, imagine que você tivesse visto um cartaz que dizia SIM. Seu cérebro também teria tido alguma reação.

Embora algumas partes da reação possam ser iguais — surpresa, curiosidade etc. —, as respostas não seriam idênticas. O NÃO faz com que você se sinta de determinada maneira, bem como o SIM. Coloque sua mão de modo a isolar na página a palavra *não* abaixo e leia-a internamente por alguns momentos. Faça a mesma coisa com a palavra *sim*. Percebe alguma diferença dentro de você? *Sim* transmite uma sensação positiva, ao contrário de *não*? Isso demonstra o poder que damos às palavras.

NÃO   SIM

Por fim, considere um último cartaz, escrito agora em chinês, russo, francês ou qualquer língua que você não entenda. Se o cartaz diz sim ou não nessa língua estrangeira é algo irrelevante — pois você dificilmente terá uma reação cerebral a uma forma de linguagem escrita que não consegue entender. Por outro lado, talvez consiga notar em si mesmo as reações internas às palavras *não* e *sim* quando são apresentadas sem nenhum contexto. Observar esse efeito sutil demonstra a conexão emocional, mental e até física que temos com determinadas palavras.

Detectando crenças

Você consegue detectar suas crenças? Pense em algo como uma preferência política. Talvez você acredite que os democratas são mais capazes de governar os Estados Unidos do que os republicanos, ou vice-versa. Você vê isso como uma crença ou só acredita sem pensar? Convido-o a passar alguns minutos pensando seriamente sobre os méritos da opinião oposta a uma de suas crenças mais arraigadas, pois essa é uma boa forma de enxergar essa crença pelo que ela de fato é: um pensamento que existe apenas em seu cérebro esquerdo. Fazer isso com outras crenças pode diminuir sua identificação com o intérprete do cérebro esquerdo.

O *poder do paradoxo*

Antes de seguirmos adiante, vamos examinar rapidamente o poder do paradoxo, que muitas vezes confunde o intérprete e acaba sendo um inconveniente para aqueles profundamente possuídos ou controlados pelo cérebro esquerdo. Paradoxos são também mais atraentes para aqueles menos identificados com o intérprete. Note como a consciência muda quando confrontada com as seguintes inconsistências:

> "A próxima frase é verdadeira.
> A frase anterior é falsa."

Eis aqui outro bom exemplo que talvez leve um pouco mais de tempo:

> "Esta fraze comtém três erros."

Há dois erros ortográficos, mas há também o erro da afirmação geral, contabilizando três ao todo. Não há um terceiro erro ortográfico, de forma que a frase só pode estar certa se estiver errada, o que borra a distinção entre certo e errado.

Por fim, considere o seguinte:

> "Quem escreveu os últimos dois exemplos
> não sabe escrever."

Percebe o dilema?

Talvez esses paradoxos sejam apenas formas modernas de uma antiga prática zen-budista: o uso de koans para confundir ou interromper o pensamento constante da mente interpretativa.[15] Paradoxos do tipo "Como você era antes de nascer?" ou "Qual é o som de uma só mão batendo palma?" parecem bobos da perspectiva da mente interpretativa, já que não podem ser respondidos de forma categórica.

CAPÍTULO 3

PERCEPÇÃO DE PADRÕES E O SELF PERDIDO

Uma identidade é apenas um padrão de eventos no tempo e no espaço. Mude o padrão e você mudará a pessoa.
— Nisargadatta Maharaj

No capítulo anterior examinamos algumas ferramentas do intérprete: linguagem, categorização, crenças e julgamentos. O cérebro esquerdo usa essas ferramentas de tal forma que podemos enxergá-lo como uma máquina de criar padrões. E eu iria além: é a mais avançada máquina de percepção de padrões do universo.

Para ilustrar essa constatação, considere o que há em comum entre linguagem e categorização: ambas as funções dependem da capacidade de encontrar e determinar padrões. Por exemplo, na linguagem, é preciso determinar o padrão da concordância entre sujeito e verbo, os padrões que ditam a gramática e a conjugação verbal. No caso da categorização, é o padrão que determina o que faz e o que não faz parte de um grupo. Lembre-se, a única diferença entre se sentir "confuso" e se sentir "conufso" é o arranjo categorial das letras. Como o cérebro esquerdo é especialista nessas coisas, temos aí um fundamento para a ideia de que o cérebro esquerdo é a sede do reconhecimento de padrões.[1]

Tal como categorias e crenças, a maioria de nós esqueceu completamente que os padrões só existem na mente, e não na realidade. Além disso, nossa habilidade de discernir padrões é tão intrínseca à forma como experienciamos e interagimos com o mundo que nem sequer notamos nossa máquina perceptora de padrões — o cérebro esquerdo — em operação.

Por exemplo, a atividade na qual você está engajado agora mesmo — ler — não seria possível sem a sua habilidade de discernir padrões. Ler envolve ver uma série de linhas retas, linhas curvas e pontos no papel, dando sentido a tudo de uma forma incrivelmente poderosa e única. Tomamos essa habilidade como bastante natural, a ponto de esquecer que tudo que estamos vendo são marcas no papel. Nós nos "lembramos" disso quando vemos algo escrito em um idioma que não entendemos, ainda que só parcialmente, uma vez que até isso a mente reconhece como "idioma que não entendo". Vemos o padrão e o categorizamos como "língua estrangeira".

Enquanto estamos no tópico da leitura, consideremos duas especialidades relacionadas do cérebro esquerdo: gramática e ortografia.[2] Ambas são padrões e ambas têm suas regras, e pacientes com lesões no cérebro esquerdo enfrentam dificuldade com as duas, sobretudo porque se relacionam ao reconhecimento de padrões "corretos" e "incorretos".

Quando se trata de gramática, 76% dos idiomas do mundo têm como estrutura básica sujeito, objeto e verbo (Jim a maçã comeu) ou sujeito, verbo e objeto (Jim comeu a maçã). Talvez não seja coincidência que Yoda, de *Star Wars*, com seus toques de filosofia oriental, sempre use uma estrutura de objeto, sujeito e verbo ("Muito a aprender você ainda tem", por exemplo). Cérebros esquerdos falantes do inglês não estão acostumados a essa estrutura, e podemos especular se não terá havido aqui uma tentativa, consciente ou não, de evitar o intérprete e suas regras. Afinal, a grande lição de Luke no fim era pôr de lado a mente interpretativa e confiar em seus instintos para se tornar um Jedi.

A ortografia também depende de nossa capacidade de discernir padrões. Qual é a diferença entre *escrever* e *inscrever*, senão algumas poucas letras? Tenho dificuldade com essas duas palavras e muitas vezes aviso meus estudantes por e-mail que vou *escrevê-los* na minha aula. Esse sintoma de dislexia muito provavelmente está relacionado ao cérebro esquerdo. Pesquisas têm demonstrado que, em disléxicos de diferentes línguas, o hemisfério esquerdo é menor (comparado ao hemisfério dos não disléxicos) e tem áreas que variam em relação à "norma".[3]

Outros modelos de expressão visual dependem completamente da nossa habilidade de reconhecer padrões. Observe a imagem a seguir.

Muitos de vocês verão aqui o ator Brad Pitt. Contudo, é preciso deixar claro que essa imagem é composta apenas de tinta no papel; ver esse padrão como uma representação da pessoa a quem nos referimos como Brad Pitt é algo que ocorre apenas na mente. Também aqui as implicações que emergem da habilidade do nosso cérebro esquerdo de ver padrões nessa série de pontos são fascinantes.

Todos concordamos que essa imagem não é o Brad Pitt "real", mas uma representação ilusória do ator. Pensando de novo na principal questão deste livro, será possível que o cérebro esquerdo olhe para dentro e veja uma representação ilusória do que chamamos de self? A grande diferença, claro, é que, ao contrário do desenho de Brad Pitt, quase todo mundo acredita que o self é real.

O primeiro reconhecimento formal da porção do cérebro dedicada à percepção de padrões, por parte da psicologia, deve-se, provavelmente, ao trabalho do dr. Hermann Rorschach, que criou o famoso teste nos anos 1920.[4] Em um teste de Rorschach, um borrão de tinta é apresentado a um paciente, que é solicitado a olhar e dizer o que vê naquela imagem. O leitor pode fazer o experimento. Confira a figura na próxima página e responda que imagens você consegue discernir.

Isso é o que chamamos de *teste projetivo*, pois se acreditava à época de sua criação que os pacientes projetariam suas questões inconscientes na mancha aleatória. O que Rorschach descobriu, no entanto, foi que o percebedor de padrões *sempre* era capaz de discernir algum sentido na aleatoriedade e enxergar alguma coisa. (O principal problema com esse teste é que, embora um paciente possa expor certas tendências de seu percebedor de padrões, isso terá de ser processado por outro percebedor de padrões — o do terapeuta.)

Embora enxergar padrões que não existem, como no caso do teste de Rorschach, possa parecer inócuo, um exame cuidadoso é capaz de nos oferecer um vislumbre de como o cérebro esquerdo constrói o nosso senso de self — vendo um padrão que não existe. Em outras palavras, talvez nossa máquina de perceber padrões olhe para dentro e encontre um único ponto de percepção, lembre uma série de preferências e antipatias, julgamentos, crenças etc., e a partir disso crie o padrão do "eu".

Identificar padrões é uma ferramenta necessária e útil para navegar o mundo de mil maneiras, mas também é verdade que, ao buscar padrões constantemente, o cérebro esquerdo "complica" o que é percebido de uma forma que pode ser desnecessária e vã. Por exemplo, um estudo envolvia um teste simples no qual os espectadores tinham de adivinhar se uma luz apareceria na parte de cima ou de baixo de uma tela de computador. Sem que os participantes soubessem, durante o teste a imagem aparecia aleatoriamente no topo 80% das vezes. A maioria logo deduziu que a luz aparecia no topo com mais frequência, mas porque o cérebro esquerdo está sempre tentando "resolver o quebra-cabeça", ele buscou definir um padrão seguro naquelas ocorrências aleatórias. Assim, os participantes só acertaram em torno de 68% das vezes. O número talvez ainda soe impressionante, contudo, quando se repetiu o teste com ratos, que não contam com nosso complicado intérprete de padrões, os roedores escolheram o topo em todas as instâncias, de forma que adivinharam corretamente em 80% dos casos.[5] *Esse é um exemplo perfeito em que vemos o intérprete perdendo tempo tentando encontrar um padrão que não existe.* Nesse caso, portanto, o cérebro esquerdo "perdeu" para os ratos, e eis um detalhe interessante: nenhum dos participantes tinha a menor ideia de que havia tentado criar padrões inexistentes.

Vendo padrões que não existem, a mente cria histórias que não são verdadeiras, e, como discutimos anteriormente, isso pode levar a sofrimentos desnecessários, ansiedade e depressão. Voltemos ao exemplo da minha amiga que imaginava ter problemas com seus colegas de trabalho. Ela os via aglomerados em um canto da sala, conversando aos sussurros, e seu cérebro esquerdo identificou ali um padrão: em suma, tramoias contra ela. Minha amiga sofreu com ondas de tristeza, medo e ansiedade e passava um bom tempo remoendo aquilo. Mais tarde, descobriu que eles estavam planejando uma festa de aniversário surpresa para ela. Embora esse exemplo pareça trivial, convido você a perceber como seu cérebro vê padrões onde não há, o que equivale a criar histórias mentais sobre eventos inexistentes.

Há também alguma evidência de que neurotransmissores afetam a nossa capacidade de percepção de padrões. Por conta disso, é importante notar que os dois hemisférios do cérebro diferem em termos de neuroquímica.[6] O cérebro esquerdo é dominante para dopamina, ao passo que o direito é dominante para serotonina e norepinefrina. Há muitas funções associadas à dopamina, da euforia do apaixonamento aos movimentos do corpo. Desde os anos 1950, acredita-se também que a esquizofrenia é resultado de um excesso de dopamina. Uma das características da esquizofrenia é ver padrões que não existem, ou seja, alucinações.

Um estudo fascinante descobriu que pacientes com dopamina elevada eram mais propensos a discernir padrões.[7] O estudo usou dois grupos de participantes: um era composto de pessoas propensas a ver padrões em imagens aleatórias (os crentes), e o outro era formado por pessoas que olhavam para as mesmas imagens e quase nunca viam padrões (os céticos). No experimento, os dois grupos tinham de determinar se as imagens apresentadas mostravam uma palavra ou um rosto genuínos ou uma palavra ou um rosto embaralhados. Ambos os grupos cometeram equívocos: os crentes viram padrões onde não havia, e os céticos muitas vezes não repararam quando uma palavra ou um rosto genuínos apareciam na tela. Quando se elevou a dopamina nos dois grupos, os céticos começaram a cometer o equívoco de detectar padrões inexistentes. A dopamina elevava a percepção de padrões mesmo quando não havia padrão algum.

Quando o efeito passou, o cérebro esquerdo dos céticos voltou ao normal, assim como suas respostas.

Outra interessante descoberta em pesquisas sobre percepção de padrões é como a tendência de um participante a ver padrões aumentava quando os pesquisadores ameaçavam o senso de self dessa pessoa.[8] Em um desses estudos, pesquisadores apresentaram uma imagem feita apenas de ruído visual (variações aleatórias de claridade e cor) em duas circunstâncias: quando os participantes sentiam-se seguros ou pouco antes de pularem de um avião.[9] O ato de pular de um avião acarreta um medo agudo de que o padrão conhecido como self possa se extinguir em breve. Os participantes prestes a saltar eram mais propensos a acreditar que viam um padrão na aleatoriedade (números embutidos no ruído visual) do que o grupo de controle.

A tendência do self de valer-se de mais pensamentos para defender sua própria imagem é bem conhecida no budismo. Meditadores experientes relatam como, durante a meditação, à medida que a mente começa a se apaziguar e a voz mental passa a falar menos, com frequência emerge uma torrente de pensamentos essenciais para sustentar a autoimagem. É assim que os meditadores identificam que histórias mentais e padrões de pensamento compõem suas preocupações mais prevalentes, uma vez que a mente se põe a reprisar esses tópicos como defesa contra o próprio apaziguamento. Alguns professores orientais explicam que a mente "continua a tagarelar", pois só assim pode existir. Isso combina com minha visão de que o self é mais um verbo do que um substantivo. O self só existe quando pensamos que ele existe, pois é o processo de pensamento que o cria.

A combinação entre tais estudos em neuropsicologia e os ensinamentos budistas sugere que, quando os padrões do self sentem-se ameaçados ou expostos, o pensamento se altera a fim de apoiar uma nova versão ou reinterpretação de si mesmo. Você pode examinar rapidamente essa ideia por conta própria. Por exemplo, alguma vez já sentiu uma ameaça ao seu ego? Alguma vez se sentiu estúpido ou envergonhado? Nesses momentos, seu senso de self não parecia tão seguro quanto imaginava, de modo que você provavelmente alterou ou reinterpretou os eventos para justificar essa súbita mudança. Essa reinterpretação ou remodelamento pode acontecer de muitas formas. Você pode fazer qualquer coisa, desde menosprezar os outros ("a opinião deles não importa") até enfatizar outro aspecto da sua identidade ("bem, posso não ser tão rico, mas sou mais inteligente!" — ou mais patriota, ou mais espiritualizado, ou qualquer outro padrão desejado do self que compense a carência na área na qual seu ego se sente ameaçado). Do ponto de vista da neuropsicologia, pode-se dizer que todas essas defesas são uma consequência do mecanismo do cérebro esquerdo de se reajustar a inesperadas mudanças de padrão. Da perspectiva budista, por outro lado, pode-se dizer que o self está recriando a si mesmo em resposta à ameaça de dissolução. Na minha opinião, essas duas visões são idênticas.

Em 2006, os doutores Travis Proulx e Steven Heine analisaram pesquisas de várias disciplinas para descrever exatamente o que acontece quando uma crença é ameaçada.[10] A conclusão a que chegaram é a de que, quando isso ocorre, os seres humanos voltam-se para outras crenças, intensificando-as. Segundo eles, "Quando crenças arraigadas são violadas, as pessoas experienciam um estado de excitação que as leva a confirmar outras crenças com as quais se identificam". Os autores reportaram que sucessivos estudos apresentaram a mesma descoberta. Quando a realidade de um padrão é questionada, os participantes intensificavam a crença em outro padrão, como forma de compensação. Ou seja, quando a crença na segurança e estabilidade do self era desafiada, outra forma de autoidentificação se elevava.

Eu mesmo vivenciei isso há pouco tempo, quando compareci a uma reunião de mais ou menos oitenta membros da minha universidade. Não sabia bem qual era o propósito da reunião nem prestei muita atenção aos comentários de abertura. Sem pensar, eu me levantei e me apresentei aos presentes. Depois de apenas três segundos, compreendi que as pessoas não estavam se apresentando e que eu tinha acabado de me enterrar em um momento completamente absurdo. Ao me sentar, meu intérprete "saiu do controle". A voz na minha cabeça tentava me redirecionar para outros padrões familiares da minha vida (como família e amigos) a fim de minimizar a ansiedade existencial e me impedir de pensar demais sobre o que ele via como uma ameaça ao meu "self" ou à minha "autoestima", isto é, meu constrangimento.

Há outras circunstâncias no dia a dia em que o percebedor de padrões depara com uma anomalia inexplicável em nosso comportamento ou com uma ação que podemos descrever como "atípica", mas descobrir por que isso acontece e penetrar o grande padrão do self pode demandar muito tempo e esforço. Nesses casos, o cérebro esquerdo pode simplesmente ignorar essas situações como momentos em que "não somos nós mesmos" ou em que algo "nos possuiu". No mais das vezes, apenas aceitamos o mistério dessas anomalias, que são esquecidas tão logo o grande padrão único volta a operar.

O ponto aqui é deixar claro que, acima dos seus ombros, encontra-se a mais avançada máquina perceptiva de padrões do universo e que isso é quase completamente desvalorizado. Mesmo computadores com a inteligência artificial mais avançada não se igualam à percepção de padrões de um ser humano comum. Vemos padrões, categorizamos coisas e até criamos linguagens para descrever esses padrões — tudo à velocidade da luz.

Agora, considere de novo o que acontece quando uma máquina de padrões tão poderosa volta-se para o seu interior. Havia alguma chance de ela *não* "encontrar" um self, um ego, alguma coisa consistente, a partir dos pensamentos e das reações mentais que ocorrem no seu cérebro? Talvez o self perdido — aquele que a neuropsicologia não consegue encontrar e o Buda diz não existir — seja uma miragem criada pelos mecanismos do próprio cérebro. Para determinar isso, um experimento interessante seria equipar uma inteligência artificial com todas as qualidades do cérebro esquerdo e deixá-la à solta. Acredito que, no fim, ela também olharia para dentro e acreditaria ter um self.

Por fim, quero acrescentar que essa máquina de perceber padrões no cérebro esquerdo é uma função biológica que funciona o tempo todo e é quase impossível de parar. Dito isso, quando nos tornamos conscientes da propensão do cérebro esquerdo para discernir padrões, podemos começar a levar esses padrões menos a sério. Isso traz benefícios significativos para a nossa experiência do mundo, incluindo a redução do sofrimento.

O self perdido

Como forma de relacionar tudo que abordamos até aqui, gostaria que o leitor considerasse a imagem abaixo. Lembre-se das especialidades do cérebro esquerdo: contar histórias, criar explicações, categorizar e discernir padrões mesmo quando eles não existem. Na imagem, considere os círculos escuros e as linhas curvas como representativas dos vários parâmetros do self; no centro está a história que amarra tudo. Essa história é representada pelo triângulo central.

Como você deve ter percebido, não há, de fato, nenhum triângulo na imagem. Aqui, ver o triângulo é uma função decorrente da interpretação das linhas e dos círculos que o cercam. No meu ponto de vista, ver esse triângulo é como olhar para o seu self individual, pois ambos são criados da mesma forma: por inferência.

O mesmo processo do cérebro esquerdo que lhe permite ver os limites categoriais dos círculos e das linhas e deduzir a imagem do triângulo também olhou para nosso interior, usou os mesmos processos e deduziu a imagem de um self individual. Tanto o triângulo quanto o self interior são fortemente sugeridos pela informação circundante, mas um exame minucioso indica que eles são apenas sugeridos, sem qualquer existência física real.

Essa análise é consistente com o que o budismo, o taoismo e outras escolas do pensamento oriental têm dito há milhares de anos: o self que pensamos como "eu" é uma ilusão, uma inferência. Com base no que apresentei até aqui, espero que você consiga perceber que vários estudos de neuropsicologia sugerem agora a mesma coisa. Para ser claro, dizer que o self é uma ilusão não significa que ele não existe, mas, sim, que é semelhante a uma imagem no meio do deserto. A visão do oásis é real, mas o próprio oásis não existe. Da mesma forma, a imagem do self é real, mas, quando a examinamos, descobrimos que se trata apenas disso, uma imagem e nada mais. Tanto o oásis quanto o self são apenas mais uma ideia ou pensamento e só existem enquanto estão sendo pensados.

Para criar essa ilusão do self, o cérebro esquerdo discerniu um padrão de diferenças categoriais entre você e os outros e combinou essas observações com memórias, preferências e a perspectiva do "piloto", que parece conduzir a nave do cérebro e do corpo. Nossa definição de self depende em parte de nossa diferença em relação aos outros. Não há "eu" sem "não eu".

Isso é algo muito fácil de se constatar em sua própria vida. Você categoriza e define seu "self" em relação aos outros. No meu caso, uso descritores como pai, professor, autor etc. para "me" distinguir em relação a todos ao meu redor. Como fazemos isso? Se você se sente engraçado e inteligente, esse julgamento o arrola em categorias sociais que dependem de haver pessoas entediantes e não tão inteligentes. Se não fosse assim, as categorias não teriam sentido. Se você é extrovertido, necessita de introvertidos com quem se comparar. Se é do sexo masculino, precisa do sexo feminino, tal como vemos no clássico símbolo reversível do taoismo: o yang precisa do yin para se definir.

A psicologia e muitas práticas de autoajuda jogam regularmente com categorias, como quando dizemos "eu sou desse jeito, mas quero ser daquele jeito". Criamos uma imagem de nós mesmos, dividimos essa imagem, e então sofremos quando uma imagem imaginária não consegue se colocar à altura da "melhor" imagem imaginária. Queremos ser mais inteligentes, mais atraentes, mais bem-sucedidos etc., e todas essas ideias são nossos "problemas". A grande tragédia aqui é que nunca percebemos que nenhuma dessas condições jamais será plenamente satisfatória para o self, pois o self precisa continuar a pensar para continuar a existir, e por isso sempre mudará a régua de medição, sempre acrescentará um novo "melhor" que o decepcionará.

Vale lembrar que, nesse contexto, quando digo que sofremos, quero dizer que rejeitamos uma versão imaginária de nós mesmos a favor de outra conforme geramos pensamentos e sentimentos de tristeza, de decepção, de dor e tudo o mais. É apenas o cérebro esquerdo fazendo o que ele sempre faz. Contudo, quando nos identificamos por completo com o cérebro esquerdo e acreditamos que somos o intérprete, o sofrimento pode ser esmagador.

Outro detalhe: talvez você esteja se sentindo culpado ou se martirizando neste exato momento por não reconhecer que o intérprete é uma imagem transparente. Isso não ajuda em nada, uma vez que é justamente por esse processo de autoflagelação que o intérprete continua a se criar. É só mais uma rodada do jogo de "isso é o que eu sou" e "isso é o que eu quero ser", cujo único resultado é produzir mais problemas sobre os quais o intérprete possa pensar. Lembre-se: *pensar é pensar categorialmente, e não há como escapar disso*. O truque é se identificar menos com seus pensamentos, não os levar muito a sério, vê-los como "eventos" e não "a maneira como as coisas são de fato".

Como um último exemplo, confira a imagem a seguir. O que aconteceu com o triângulo?

Embora a inferência do triângulo tenha desaparecido, o espaço que compunha o triângulo continua ali; sempre foi um puro vazio e continua sendo. Talvez por isso um dos pilares das filosofias orientais seja o vazio e a noção de que tudo que existe emerge desse vazio. O que nos permite observar esse vazio? Talvez seja algo que podemos chamar de percepção consciente ou consciência (falaremos sobre isso mais adiante): a simples observação de que o espaço está ali. De fato, nada mais podemos dizer, e, naturalmente, o cérebro esquerdo odeia isso, pois, sendo um grande amante da linguagem, das categorias e dos mapas, suas ferramentas nesse ponto tornam-se inúteis.

Na minha opinião, acreditar que o intérprete do cérebro esquerdo é "você" é como olhar para o céu noturno e acreditar que a constelação de Órion está mesmo ali como uma entidade e não como um grupo de estrelas vistas de um ângulo específico, transformado em um padrão pela mente humana e rotulado. Embora, de início, possa soar um pouquinho deprimente saber que nada existe da forma que pensamos, talvez você encontre certo alívio nessa constatação — como se você enfim largasse no chão um saco pesado que lhe ensinaram a carregar por toda a vida.

Eis outra forma de pensar sobre o self ficcional ou ego: seu vício em interpretar funciona como uma droga. Todo dia ele precisa conseguir uma dose e o faz das mais variadas maneiras: contando histórias sobre o que ele percebe, comparando e categorizando a si mesmo em relação aos outros, julgando coisas como certas ou erradas, valendo-se de todos esses processos para definir "você" como "você mesmo".

Como se pode ver, um amplo leque de problemas pode nascer desse processo. Em vez de abraçar a realidade tal como ela é, o cérebro esquerdo é irrecuperavelmente viciado em narrativas e interpretações sobre a realidade, que oferecem uma curta dose de propósito e sentido, mas levam a um inevitável colapso no sofrimento. E a maioria das pessoas nem sequer sabe que está presa nesse ciclo.

Alguns podem rejeitar essa ideia, dada a sua simplicidade. Como tanto sofrimento humano e tantos problemas poderiam ser explicados por algo tão simples quanto culpar um cérebro esquerdo fora de controle? Como acadêmico, ouço essa simplicidade ser contestada com frequência, e acho inevitável ver nessa contestação a voz do cérebro esquerdo, que se sente atraído por abstrações complexas, sempre desconfiando de verdades simples. Nesse sentido, quando alguém finalmente apresentar uma Teoria de Tudo que conecte e explique todas as forças conhecidas do universo, eu me pergunto se ela parecerá simples demais para ser convincente.

Até o momento, examinamos como o cérebro esquerdo funciona e ilustramos como o sofrimento que sentimos como humanos pode estar relacionado a um cérebro esquerdo desequilibrado que cria um senso de self ilusório e faz dele nosso verdadeiro mestre. Nos próximos capítulos, focaremos o cérebro direito e como o intérprete do cérebro esquerdo o tem menosprezado, desvalorizado ou desdenhado — tudo isso, na minha opinião, em nosso detrimento como espécie. A boa notícia é que, à medida que nos tornamos mais conscientes das funções do cérebro direito, chegamos a um estado de equilíbrio e, como resultado, vivenciamos menos sofrimento.

Exploração

Quantos "vocês" em um dia?

O cérebro esquerdo é seduzido pela consistência, ainda que o mundo exista em fluxo contínuo, como o budismo frequentemente ressalta. Essa necessidade de consistência apoia a ilusão de um self sólido, imutável e no controle de tudo. Mas, tendo em vista o que aprendemos até aqui, podemos pensar no self mais como um rio cuja forma flui constantemente para a frente. Da mesma maneira, nosso self muda sem cessar sob a influência de ideias, percepções e sentimentos.

Em minhas aulas sobre consciência, fazemos um exercício em que passamos um dia inteiro reparando em quantos selves aparecem e desaparecem dentro de nós. Você também pode fazer isso. Na superfície, talvez note primeiro um "self do trabalho" e, então, um "self do lar"; contudo, prestando bastante atenção, você verá que mesmo esses dois mudam a depender do momento. No trabalho, um self pode ficar on-line na companhia de um colega; depois, outro aparece quando um colega diferente chega. Se você quebra um copo de vidro na sala de descanso, sua irritação ou vergonha pode trazer outro self à tona, até que você recebe um e-mail informando que certa reunião foi cancelada de repente, para alívio de mais um self.

Às vezes gosto de pensar no "você" singular como um folioscópio. Se pegar uma pilha de papel, fizer um desenho que muda levemente a cada página e então folhear rapidamente o livreto, as imagens imóveis vão parecer uma animação. Na realidade, há uma centena de imagens diferentes, mas a mente as entrelaça em uma única história contínua.

Para essa exploração, reserve um dia e veja se consegue perceber os selves em mutação. Conte os "vocês" que aparecem e desaparecem.

Reparar em quantos "vocês" surgem em um único dia ajuda a desmontar a ilusão de um "você" singular por trás de tudo. Um senso de liberdade pode emergir da compreensão de que não somos obrigados a ser consistentes. Você precisa não tentar montar uma coisa única a partir das mudanças contínuas que acontecem no mundo. A raiva pode aparecer com um "você", mas é apenas uma das páginas do folioscópio, que logo será substituída por outra emoção, outra percepção, outro pensamento. Como o Sol que se levanta e se põe, os "vocês" chegam e se vão. Não há necessidade de se apegar a alguns e evitar outros. Não há necessidade de conflito entre esses selves — você pode abandonar a luta entre o "você pecador" e o "você santo". Isso libera uma enorme quantidade de energia mental e muda fundamentalmente a forma como vivenciamos o mundo.

Por último, você pode tentar perceber que, entre os "vocês", há momentos em que nos encontramos tão absortos em uma atividade que não podemos sequer discernir um self. Isso indica uma questão central deste livro: para onde vai o self quando ninguém está pensando nele?

CAPÍTULO 4

O BÁSICO DA CONSCIÊNCIA DO CÉREBRO DIREITO

O silêncio é o idioma de Deus, todo o resto é uma tradução ruim.

— Rumi

Em dezembro de 1996, a história da neurociência mudou para sempre quando a dra. Jill Bolte Taylor sofreu um acidente vascular cerebral (AVC) que provocou um apagão em boa parte de seu cérebro esquerdo.[1] No que deve ser uma coincidência cósmica grandiosa, esse evento ocorreu a uma neuroanatomista. Em outras palavras, Taylor era alguém que passara a vida antes do AVC rotulando e categorizando o cérebro, usando exatamente a parte desse órgão que seria, pela primeira vez, desligada, oferecendo o centro do palco à consciência de seu cérebro direito.

Anos depois, quando se recuperou da lesão, o cérebro esquerdo de Taylor pôde contar a história. Durante o AVC, sua voz interior, antes sempre presente, silenciou pela primeira vez. Com a fala interior apaziguada, a neuroanatomista conta: "Eu me desapeguei das memórias da minha vida e me vi confrontada por um sentimento expansivo abençoado". Taylor já não percebia os limites entre onde ela terminava e tudo mais começava. Sentia seu ser como algo fluido em vez de sólido. Vivia por inteiro no momento presente, encarnada na tranquilidade. Categorias como bom/ruim ou certo/errado eram vivenciadas como um contínuo, e não como opostos desconectados. O ego de seu cérebro esquerdo, que se via como algo autônomo, já não era dominante em sua consciência. Em seu cérebro direito (ou talvez sua "mente endireitada"?), ela sentia gratidão e um senso de contentamento. O cérebro direito era compassivo, acolhedor e eternamente otimista. Em suas palavras, "acho que os budistas diriam que eu havia entrado no modo de existência que eles chamam de nirvana".

É importante dizer que a neurociência ainda está tentando entender o significado da experiência de Taylor no que diz respeito ao nosso entendimento do cérebro. Contudo, é inevitável especular — como ela fez — se sua experiência foi similar à de Buda, Lao Tzu ou dos hindus ancestrais que escreveram os Vedas. De certa forma, sua experiência é exatamente o que muita gente espera viver quando medita ou pratica *mindfulness*, ou meditação de atenção plena.

Claro, ninguém se candidataria a sofrer um perigoso AVC como forma de alcançar a iluminação. Uma abordagem mais prática talvez resida nesta questão: o que aconteceria se pudéssemos "desligar" o hemisfério esquerdo do cérebro? Nesse caso, o cérebro esquerdo já não inibiria o cérebro direito? Será que esse estado de graça do cérebro direito está sempre disponível e nós apenas não estabelecemos uma conexão com ele? Provavelmente, quem tem familiaridade com o budismo já conhece este ditado: "Você já é um buda, só não sabe disso". Tendo em vista o que aconteceu com Taylor, podemos depreender que esses processos do cérebro direito já estão sendo levados a cabo até certo ponto; só precisamos nos conectar ou nos identificar com eles de alguma forma, ou talvez só precisemos despertar para eles. Afinal, *buddha* significa apenas "alguém que está desperto".

Foram necessários anos de reabilitação para que o cérebro esquerdo de Taylor voltasse a um nível funcional; portanto, mesmo depois dessa experiência jubilosa, ela se esforçou para que seu cérebro esquerdo funcionasse. Ela ainda precisava dele para se mover pelo mundo e continuar seu trabalho. Talvez o futuro da nossa felicidade dependa de encontrar um equilíbrio para o intérprete do cérebro esquerdo. Do meu ponto de vista, o objetivo não é a dominância do cérebro direito nem o completo desligamento do cérebro esquerdo, mas atingir o que Buda chamava de caminho do meio.

A vida pós-AVC de Taylor poderia ser um exemplo vivo desse caminho equilibrado? Ela relata que agora pode escolher entrar no estado de graça do cérebro direito, um lugar que ela chama, jocosamente, de "la-la land", mas também consegue focar o processamento do cérebro esquerdo para trabalhar, se comunicar com os outros e resolver os problemas práticos que surgem na vida.

Um exame mais detido do hemisfério direito do cérebro

Depois de focar o cérebro esquerdo, é hora de analisar o hemisfério direito do cérebro e ver se o que a neurociência descobriu também apoia a ideia de que o self é uma ficção.

Claro, aqui também deparamos com um dilema. Como muito provavelmente você não é um paciente com cérebro dividido que lê este livro em um experimento controlado, ambos os lados do seu cérebro estarão recebendo as informações apresentadas a seguir. Por causa disso, encorajo o leitor a prestar atenção nos momentos em que o hemisfério esquerdo — que deseja ser o mestre da conversa — descarta certas ideias como "desimportantes", "sem sentido" ou "tolas", buscando alguma forma de rejeitá-las e manter sua dominância.

Lembre-se de que, embora seu cérebro direito não possa falar no sentido convencional, ele entende a linguagem por iniciativa própria, como os estudos de caso envolvendo pacientes com cérebro dividido demonstraram. Até que ponto você compreenderá as ideias apresentadas aqui dependerá, claro, da minha habilidade de explicá-las, mas também pode ser um indicador da sua capacidade de transcender a identificação com o intérprete do cérebro esquerdo. Examinemos então o hemisfério mudo do cérebro, pois, como você logo verá, ele é um bom exemplo do velho axioma de que a sabedoria muitas vezes reside no silêncio.

O cérebro direito é, de certa forma, o yin do yang do cérebro esquerdo.

Por exemplo: da mesma forma que o cérebro esquerdo é categorial, o cérebro direito segue uma abordagem mais global diante do que ele percebe. Em vez de dividir as coisas em categorias e fazer julgamentos que separam o mundo, o cérebro direito dá atenção ao cenário completo e processa o mundo como um *continuum*. Enquanto a atenção do cérebro esquerdo é focada e estreita, o cérebro direito é amplo, vigilante e se volta para o quadro geral. Enquanto o cérebro esquerdo foca os elementos localizados, o cérebro direito processa a forma global que esses elementos criam.[2] O cérebro esquerdo é sequencial, isolando o tempo em "antes disso" e "depois daquilo", ao passo que o cérebro direito foca a urgência do momento presente. A experiência descrita por Taylor começa a fazer sentido quando compreendemos como o cérebro direito processa informação.

Outra forma de resumir as diferenças entre os cérebros esquerdo e direito é que o cérebro esquerdo é o centro da linguagem, enquanto o direito é o centro espacial. Embora isso seja reconhecidamente redutivo, é uma forma útil de sintetizar décadas de pesquisa. A linguagem é categorial; ela olha para uma palavra de cada vez com um foco estreito, seja quando falamos, seja quando lemos. Quando processamos o espaço ao nosso redor, lidamos com o todo de uma só vez; não tratamos com partes individuais, mas com a maneira como as partes se conectam, assim como em qualquer quadro.

Para observar os efeitos do processamento espacial, considere a seguinte imagem:

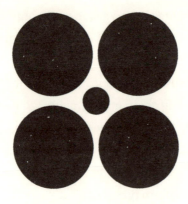

Que círculo central parece maior? A imensa maioria das pessoas que vir essa imagem dirá que o círculo central à direita parece maior. Como você provavelmente adivinhou, essa ilusão funciona porque o cérebro esquerdo processa, categoriza e compara os dados para dar um palpite. O intérprete cria uma abstração baseada em diferenças categoriais, como maior ou menor. Na realidade, os dois círculos centrais têm o mesmo tamanho, mas o esquerdo parece menor, pois o comparamos categorialmente aos círculos maiores ao seu redor, ao passo que o círculo central à direita parece maior quando comparado categorialmente aos círculos menores que o circundam.

Por outro lado, em um inteligente estudo que demonstra a precisão do processamento espacial do cérebro direito, pesquisadores apresentaram a um grupo de pessoas uma série de blocos de diferentes tamanhos para replicar a ilusão acima.[3] Os participantes foram cuidadosamente filmados ao serem solicitados a esticar o braço e pegar o bloco central de cada conjunto, e o cérebro direito cumpriu a tarefa de maneira perfeita. Mesmo se o cérebro esquerdo "pensasse" que os blocos centrais eram de diferentes tamanhos, o cérebro direito mantinha rigorosamente o polegar e os outros dedos na mesma distância. Ou seja, o cérebro direito não era enganado pela ilusão como "você" é.

Esse experimento também nos leva a outro equívoco vital em relação ao cérebro direito. Os participantes nesse experimento não pensavam na distância de seus dedos ao pegar cada bloco; a escolha era inconsciente no que diz respeito ao cérebro esquerdo. Esse rótulo de "inconsciente" é inerentemente negativo na aplicação científica e é uma forma sutil pela qual o cérebro esquerdo acaba afirmando seu papel de mestre. Os efeitos desse rótulo podem ser vistos em muitas disciplinas.

Por exemplo, funções corporais e mentais que não requerem pensamento consciente ou interpretação em geral têm sido consideradas de menor importância pela ciência e filosofia ocidentais. Mas é importante notar que *filósofos e neurocientistas aplicaram a essas coisas o rótulo de "inconscientes" só por estarem fora da esfera da linguagem*, embora elas ainda se refiram a comportamentos neurológicos complexos. Pense no seu sistema cardiovascular ou no seu sistema digestivo como exemplos básicos. A todo tempo, estão fazendo coisas bastante complexas — coisas que não poderiam ser feitas sem o cérebro —, mas, como suas ações estão além do reino do pensamento do cérebro esquerdo, o intérprete não lhes dá muita atenção. Contudo, tal como o funcionamento desses sistemas vitais e necessários, as atividades do cérebro direito são apenas uma forma de consciência que aprendemos a menosprezar e desvalorizar — e quem nos ensinou isso foi, não por acaso, o cérebro esquerdo.

Você pode experimentar isso agora mesmo. Pare um momento e erga seu braço acima da cabeça. Como você fez isso? Consegue explicar? Você precisa pensar sobre *como* mover o braço ou você simplesmente o move? Dizer que o próprio ato do movimento é, de alguma forma, inconsciente é fazer do pensamento o mestre; no entanto, o pensamento não é necessário para o movimento. Claro, você pode pensar "gostaria de mover meu braço agora", mas o ato em si não depende de nenhum apoio mental.

Agora eu gostaria que pegasse qualquer objeto perto de você. Isso demonstra sua habilidade de determinar com precisão a distância entre as coisas no espaço — a realidade espacial delas. Você cumpriu a tarefa sem nenhum problema? Ou sua mão foi em busca de um objeto e errou? Muito provavelmente deu tudo certo. Pois bem: quanto você pensou ao realizar essa ação, em termos de uma consciência interpretativa convencional? Você consegue me explicar *como* pegou o objeto? Mais uma vez, pensar não foi necessário; você simplesmente o fez. Como não há necessidade de uma história para pegar determinado objeto, a sensação que se tem é que você não estava consciente de como esse gesto se deu, graças à nossa tendência de nos identificarmos com uma consciência interpretativa baseada na linguagem. Contudo, é importante notar que esses exemplos — seja colocar o braço acima da cabeça, seja pegar um objeto à sua frente — são atividades igualmente complexas e conscientes, embora estejam fora da esfera da linguagem. O caso é que damos pouca importância a elas, pois o cérebro esquerdo gosta de bancar o mestre.

Como não temos palavras para sequer descrever como realizamos um movimento, muitos dirão que não faz sentido perguntar se o gesto é consciente. A resposta mais comum dos meus alunos à pergunta "como você fez isso?" é um olhar vazio e dizer "Não sei, só fiz". Rotular essa ação de inconsciente é resultado da nossa superdependência em relação a uma consciência interpretativa que tem por base a linguagem, sem a qual nosso percebedor interpretativo de padrões não consegue imaginar o mundo.

Vivenciando a consciência do cérebro direito

Como podemos nos tornar mais conscientes do sistema do cérebro direito? Bem, em certo sentido você já está bastante consciente dele; o caso é que nossa tendência a ver o mundo pelas lentes do intérprete faz *parecer* que não estamos. Claro, quando digo "você", não me refiro ao seu ego, pois nem se quisesse o ego poderia sentir verdadeiramente a consciência do cérebro direito, pois o ego é apenas uma construção do cérebro esquerdo. Embora haja muitas formas de acessar a consciência da atividade do cérebro direito, dada a ausência de rótulos e palavras, pode ser difícil expressá-la. Ainda assim, vamos examinar algumas dessas formas rapidamente.

A prática de ioga, existente há milhares de anos e mencionada nos textos religiosos mais antigos da Índia, é uma forma de chegar à consciência do cérebro direito. Você faz uma série de movimentos, em geral se sente bem ao realizá-los e está consciente do que está fazendo, mas não há muito sobre o que "pensar". Na verdade, a prática funciona melhor quando se está "no momento presente" ou sem se perder nas maquinações do intérprete. No entanto, nenhum praticante de ioga acreditaria que ficamos inconscientes durante a prática. Outra coisa interessante é que a palavra *yoga* significa "união" — a união do seu self verdadeiro com o restante do universo.

A prática da meditação em suas variadas formas também nos leva à consciência do cérebro direito. Zazen, uma forma de meditação sentada praticada na maioria das escolas zen, frequentemente instrui os iniciantes a tomar consciência de sua respiração, conduzindo a atenção para o momento presente. Outra coisa a se notar aqui é que, para a maioria das pessoas, o respirar simplesmente acontece, sem que estejamos "conscientes" dele — não prestamos atenção. Não há sobre o que "pensar" quando respiramos, e essa é outra razão pela qual tantas práticas meditativas buscam enfatizar a respiração. Considere também as formas mais dinâmicas de meditação: tai chi e chi kung. Essas práticas orientais antiquíssimas buscam elevar o chi, ou a energia interna. Embora a maestria nessas artes possa demandar uma vida inteira, o básico é bem simples: ambas as técnicas envolvem mudanças de movimento da esquerda para a direita e vice-versa, com movimentos coordenados com a respiração. Quando a prática é bem realizada, nós nos conscientizamos do movimento dentro do espaço, sem utilizar rótulos verbais.

Ninguém diria que essas práticas são inconscientes, pelo contrário: muitos as descrevem como formas bem atentas de consciência, difíceis de se colocar em palavras. De todo modo, uma atividade não é inconsciente só porque não pode ser posta em palavras. Isso ecoa a sabedoria dos filósofos do Oriente antigo, que diziam ser impossível expressar o mundo real verbalmente e que qualquer coisa que possa ser expressa verbalmente não faz parte do mundo real.

É possível que a consciência do cérebro direito também se faça presente quando estamos *in the zone*.* O jogador de basquete Michael Jordan popularizou essa expressão, que usou para descrever a capacidade de acertar cesta após cesta sem pensar. Outros podem encontrar esse estado naturalmente quando estão engajados em certas atividades que não dependem do pensamento consciente, como tocar um instrumento musical, realizar atividades físicas, exercer a criatividade de alguma forma, rezar ou meditar, ou mesmo consertar uma motocicleta — como no clássico romance *Zen e a arte da manutenção de motocicletas*, de Robert M. Pirsig.

Estar *in the zone* é algo bem parecido com o que o psicólogo Mihaly Csikszentmihalyi chamou de *flow*, usando esse termo para descrever a experiência que se tem quando se está totalmente envolvido em uma atividade. Ele define *flow* da seguinte maneira: "A absorção absoluta em uma tarefa. O ego se desfaz. O tempo voa. Cada ação, movimento e pensamento segue inevitavelmente o que veio antes, como quando se toca jazz. Todo o seu ser se envolve, e você usa

---

* Literalmente, "na zona". Expressão que se refere a um estado mental de perfeito equilíbrio, fluidez e precisão que leva a uma performance impecável. [N. T.]

suas habilidades no mais alto nível".[4] Um parêntese: é engraçado que ele tenha escolhido jazz como exemplo, pois, como disse o grande músico Louis Armstrong, "se você precisa perguntar o que é jazz, nunca vai saber o que é".

Depois de estar *in the zone* ou no *flow*, a consciência interpretativa por vezes olha para trás e, quando não colhe os louros para si ("eu" arrasei), descarta essas experiências como desimportantes — em ambos os casos, é uma forma sutil de preservar sua superioridade como mestre. Você muito provavelmente vivencia a consciência do cérebro direito o tempo todo, mas, como o "mestre" controla a linguagem, e como a linguagem pode ser uma ferramenta muito convincente, o "mestre" rouba todo o crédito por essas experiências ou não dá atenção a elas. Imagine o cérebro direito em um tribunal, sendo questionado por um advogado do cérebro esquerdo. Como o cérebro direito poderá convencer o júri de que ele tem, sim, uma forma de consciência, quando todas as regras do jogo foram construídas pelo cérebro esquerdo linguístico?

Por fim, outra forma bem conhecida de experimentar a consciência do cérebro direito é a prática de *mindfulness*, ou meditação de atenção plena, algo que em geral associamos ao budismo e outras tradições orientais. Atenção plena nesse contexto é definida como a imersão total no momento presente, observando o que acontece no mundo ao seu redor ao mesmo tempo que olha para o mundo dentro de você — seus pensamentos, seus sentimentos, suas sensações. Os praticantes são muitas vezes ensinados a observar as maquinações da mente sem conceder muita importância a elas na forma de julgamentos — os quais, lembre-se, são uma das especialidades do cérebro esquerdo. Professores de *mindfulness* explicam que, quando um pensamento emerge, podemos notá-lo sem nos apegar a ele, trazendo nossa atenção de volta para o momento presente, em vez de seguir aquela cadeia de pensamentos para dentro de uma narrativa sobre a realidade. A prática de *mindfulness* não diz respeito a pensar sobre a realidade, mas a estar na realidade e observá-la — ser uma testemunha dos eventos no presente, tanto os eventos exteriores quanto os interiores. Isso nos leva a perguntar: quem é esse observador? A consciência do cérebro direito? Nós voltaremos a essa questão, mas, por ora, podemos notar que realizar *mindfulness* é uma forma de estar no mundo que diminui a identificação com o intérprete do cérebro esquerdo. E como o intérprete é muito constante, é preciso PRATICAR *mindfulness*.

Todos esses exemplos de consciência do cérebro direito focam experiências no momento presente — um fazer e ser que está além do pensamento e da linguagem. O cérebro direito age de acordo com o slogan da Nike: *Just do it* — simplesmente faça. Tenho certeza de que, se pudesse, era isso que ele gritaria. Não se aprende a tocar um instrumento lendo sobre o que é o instrumento; é preciso praticar. Você não faz uma cesta no basquete só pensando na jogada; você tem de arremessar a bola. E só é possível fazer isso no momento presente.

Podemos dizer que a essência da consciência do cérebro direito é esta: ela faz coisas sem pensar nelas, quer dizer, sem linguagem ou pensamento. Por isso é difícil escrever sobre a consciência do cérebro direito — ou mesmo pensar sobre ela!

Às vezes pergunto aos meus estudantes: "Quanto tempo de sua existência é gasto fazendo e quanto tempo é gasto pensando?". Eu dou a eles um momento para refletir, e então digo que a pergunta é, de certa forma, uma pegadinha, já que quem está refletindo sobre a questão é a mente pensante. Essa pergunta me traz à mente o velho ditado que diz: "Daqui não se chega lá". É a mais pura verdade quando se trata de perscrutar o sistema do cérebro direito a partir do sistema do cérebro esquerdo. Mesmo se o cérebro esquerdo quiser ir além, tudo que conseguirá é se afundar ainda mais em si mesmo.

Eu tive essa experiência no meu primeiro treino de luta numa aula de artes marciais. Consegui um ponto rápido, pois não estava pensando... Apenas fiz. Então, quando comecei a pensar em como seria incrível vencer aquela disputa, minha performance decaiu rapidamente. Não foi *o que* eu pensei que afetou negativamente minha performance; foi o próprio fato de pensar.

Talvez por isso os antigos filósofos orientais valorizassem a consciência não linguística de um jeito que os ocidentais modernos têm dificuldade de entender. A neuropsicologia está começando a ponderar isso, mas ainda não chegou lá. Considere a seguinte citação do mestre de Advaita Vedanta Nisargadatta Maharaj: "No seu mundo, o não dito não tem existência. No meu, as palavras e seus conteúdos não têm existência alguma... Meu mundo é real, o seu é feito de sonhos". Viver em um mundo de abstrações — baseado em linguagem, conceitos, crenças, padrões e rótulos — é viver em um mundo de sonho, não na realidade.

Um dos ensinamentos primordiais do zen-budismo é trazer a consciência de volta para a realidade, salvando-a de se perder no mundo abstratizado. Quando minha aula se perde demais numa série de abstrações, eu bato palmas bem forte para assustar os dorminhocos no fundo da sala. E digo a eles que, durante aquele breve instante em que se viram atordoados pelo barulho, eles existiram despertos e sem pensamentos: isso é o estado zen.

Certa vez, durante um jogo de futebol do meu filho, eu me vi numa conversa com outro pai sobre como o trabalho era estressante. Tentei explicar que a maior parte do estresse vem de levarmos determinadas narrativas ficcionais muito a sério, mas ele sentia dificuldade em separar a narrativa (a interpretação do cérebro esquerdo) da realidade (a observação do cérebro direito). Apontei, então, para o campo de jogo e lembrei a ele que não havia nenhum campeonato de futebol acontecendo "ali", que não havia times "ali", que nenhum gol estava sendo marcado fora da ficção coletiva que se desenrolava em nossa cabeça. A única coisa que havia "ali" era um bando de meninos correndo e chutando uma bola, e tudo o mais era uma história que nós inventávamos. Na realidade do cérebro direito, não há vencedores ou perdedores, não há times nem campeonatos, há apenas o ser e o fazer. Depois que expliquei tudo isso, ele me olhou sem saber o que pensar e mudou de assunto.

Pense nesse campeonato de futebol. Além do ser e fazer dos meninos chutando bola em um campo, tudo o mais é uma narrativa. Vencedores, perdedores, campeonatos — tudo isso está baseado em categorias, rótulos, padrões. Linguagem e pensamento oferecem ferramentas para gerar essas histórias. Nossa vida inteira, mesmo a ideia que temos do nosso próprio ser, pode ser pensada dessa mesma forma, como o jogo de futebol. As histórias abstratas não são exatamente o problema, mas perder-se nelas *cria* o problema. Nosso sofrimento vem de sermos arrebatados por essas histórias, esquecendo que elas não representam a realidade.

Nesse sentido, a história é sempre uma ilusão; ela só existe na mente — e só quando estamos no processo de contá-la em palavras ou pensamentos. Talvez você possa ver que isso é verdade não apenas no que diz respeito às narrativas, mas também ao narrador, o self, que é outra ilusão muito convincente e que só existe enquanto pensamos nele.

Até aqui falamos apenas superficialmente das impressionantes habilidades do cérebro direito. E vale lembrar: ler sobre as funções do hemisfério direito do cérebro não é o mesmo que vivenciá-las. Práticas como meditação, ioga, tai chi e *mindfulness* são ótimos pontos de partida. Mais tarde, buscaremos encontrar uma abordagem equilibrada que nos permita preservar os benefícios do intérprete sem nos perdermos em suas narrativas. Até lá, continuaremos a explorar o cérebro direito, revelando algumas formas pelas quais ele pode ser considerado mais esperto do que o cérebro esquerdo. Continue lendo com cuidado — ou, digamos, com atenção plena —, pois seu intérprete pode não gostar nem um pouco disso.

Explorações

A arte de simplesmente fazer

O hemisfério direito é o centro do "fazer" do cérebro. Uma forma de se conectar mais com o cérebro direito é cortar o cérebro esquerdo das atividades, fazendo-as sem nenhuma razão aparente — nem por dinheiro, nem para se aperfeiçoar, mas simplesmente por fazê-las. O ego do cérebro esquerdo pensa em termos de causa e efeito; para que uma ação valha a pena aos seus olhos, ela precisa ter uma vantagem em vista, o que pode dificultar o próprio ato de realizar essas tarefas. Fazer algo simplesmente por fazer parece quase sempre se associar a atividades do cérebro direito, da poesia à arte e à música.

Uma vez por dia, faça algo sem nenhum objetivo específico. Como não podemos planejar a espontaneidade, não importa o que seu cérebro esquerdo lhe diga, abra espaço para que oportunidades apareçam. Se a certa altura sentir vontade de se levantar e fazer uma caminhada, faça isso — não porque você quer um pouco de ar puro ou porque o trabalho está chato, mas porque se sentiu inclinado e então agiu "sem nenhuma razão específica".

Respiração consciente

Feche os olhos e se concentre em uma única inspiração. Com a atenção direcionada ao seu corpo, puxe o ar lentamente pelo nariz. Sinta-o preenchendo seus pulmões, a sensação do abdome e do peito expandindo à medida que o oxigênio entra. Agora prenda a respiração por um único segundo. Repare na pressão em seu peito enquanto retém o fôlego, a quietude ao redor e dentro de você. Solte o ar lentamente, de maneira controlada, pela boca. Talvez, ao expirar, você sinta vontade de fazer algum som, como "ahhh" ou "om". Assim, focando o seu corpo e o ato de respirar, você tira o poder do cérebro esquerdo tagarela e se permite explorar uma função que geralmente é delegada ao cérebro direito "inconsciente". Mesmo com uma única respiração, é possível virar o jogo e se tornar a consciência que respira.

Essa se tornou uma das minhas práticas favoritas, pois, por mais ocupado que o cérebro esquerdo acredite estar, há sempre tempo para uma respiração consciente. Nunca subestime o poder de uma única respiração consciente de retirá-lo da fantasia do cérebro esquerdo e colocá-lo de volta no mundo real. E não se surpreenda se uma respiração virar duas ou três — simplesmente faça!

O detector de papo-furado

Você já teve um daqueles momentos em que uma súbita compreensão da realidade o golpeia aparentemente do nada, como um relâmpago?

A obra do neurocientista V. S. Ramachandran sugere que o cérebro direito atua como um contrapeso ou um regulador da narrativa constante do intérprete do cérebro esquerdo, "entrando em cena" sempre que a história se torna bizarra demais.[5]

As pessoas muitas vezes relatam uma espécie de choque que lhes permite realizar uma grande mudança — seja se libertar de um relacionamento abusivo, seja enxergar a necessidade de uma mudança na carreira. A história que fazia sentido até então sofre um belo sacolejo. A obra de Ramachandran sugere que, nesse momento de iluminação, seu cérebro direito informa ao cérebro esquerdo: "Ei, sua história se afastou demais da realidade". Aqui o cérebro direito não está "pensando" da mesma forma que o cérebro esquerdo pensa, mas observando as evidências e sinalizando para o cérebro esquerdo que é hora de acordar.

Curiosamente, tal como com os pacientes com cérebro dividido que examinamos antes, o cérebro esquerdo pode se apossar de todo o crédito por esses momentos de iluminação e dizer coisas como "Hoje eu entendi uma coisa" ou "Eu tive um instante de clareza". Claro que o "eu" nessa frase é o intérprete do cérebro esquerdo, que era a causa do problema, não a solução. Enquanto isso, o cérebro direito, sem ego e sem necessidade de se vangloriar, não se incomoda — contanto que a mudança aconteça. Quando você teve esse tipo de iluminação em sua vida? De onde acha, ou sente, que ela veio, à luz da pesquisa apresentada até aqui?

CAPÍTULO 5

SIGNIFICADO E COMPREENSÃO

Compreender tudo é perdoar tudo.

— Buda

Significado e compreensão são os dois processos vitais que ocorrem no cérebro direito. Isso muitas vezes surpreende meus estudantes, já que o cérebro esquerdo parece ser o responsável por todo o pensamento. Contudo, como veremos neste capítulo, enquanto o cérebro esquerdo se centra nas partes, o cérebro direito olha para o todo, onde residem o significado e a compreensão. Uma boa forma de entender isso é pelo exemplo, então façamos um rápido exercício. Leia com atenção o parágrafo seguinte, extraído de "Context and Memory", de M. Klein:

> Um jornal é melhor do que uma revista. Uma praia é melhor do que a rua. A princípio, é melhor correr do que

andar. Talvez você precise tentar várias vezes. Demanda certa habilidade, mas é fácil de aprender. Mesmo crianças pequenas podem gostar. Uma vez que dá certo, as complicações são mínimas. Pássaros raramente se aproximam demais. A chuva, porém, ensopa bem rápido. Gente demais fazendo a mesma coisa também pode causar problemas. Uma pessoa precisa de muito espaço. Se não houver complicações, pode ser bem tranquilo. Uma pedra servirá de âncora. No entanto, se a coisa se soltar, você não terá uma segunda chance.[1]

E então? Parece haver alguma coisa errada, não é? Talvez um pouco aleatório ou sem sentido? Muito provavelmente, sua consciência interpretativa absorveu cada palavra específica, compreendeu definições individuais, sem, contudo, captar qualquer significado que unisse todas as frases. Agora, volte lá e leia de novo, mas sabendo que o trecho é sobre soltar pipa. Agora tudo faz sentido, não é? É o hemisfério direito do cérebro que torna isso possível.

Quase toda tarefa cognitiva depende de um sentido. É o significado que nos permite guardar informações na memória de curto e longo prazos, constituindo, assim, a base da cognição. Imagine, por exemplo, que precise memorizar uma das duas frases abaixo. Qual você escolheria e por quê?

A) Martin Luther King Jr., grande vencedor do Prêmio Nobel da Paz, fez um belo discurso sobre direitos civis no Lincoln Memorial.

B) Banco púrpura de maçã, sete baleias voaram ao sul, Texas, ferrugem de fogão desliza mais rápido por vinte e sete estradas.

As duas frases têm o mesmo número de palavras, mas quase todo mundo concordaria que a frase A é mais fácil de memorizar do que a B. Isso porque podemos processá-la em pedaços significativos, de modo que "Martin Luther King Jr." se torna um fragmento significativo de informação.[2] Graças ao sentido, A é mais fácil de memorizar.

Quando vejo estudantes com anotações pelos corredores, lutando para memorizar datas e fatos para uma prova, tenho de me conter para não dar uma palestra sobre a importância do significado tanto para a memória de curto prazo quanto para a de longo prazo. Nos anos 1970, a psicologia introduziu uma teoria chamada "níveis de processamento", que bem poderia se chamar "níveis de significado".[3] A teoria era muito simples: se você processar o significado, vai se lembrar da informação; se processar apenas os aspectos superficiais, meramente lendo-os para si mesmo ou olhando para as palavras, a informação será esquecida.

Isso acontece o tempo todo. Na próxima vez que ler um livro e quiser se lembrar do que leu, leia dois ou três parágrafos, feche o livro e então se pergunte: "O que acabei de ler?". Você pode fazer isso agora mesmo. Feche este livro e diga em voz alta quais são os temas tratados neste capítulo até aqui. Talvez você fique surpreso ao deparar com um branco total, pois estava apenas processando os aspectos superficiais. Contudo, se praticar e fizer essa pergunta para si regularmente durante suas leituras, você desenvolverá uma capacidade maior de reter significado e criar memórias de longo prazo.

Captar significado não é apenas uma questão de aperfeiçoar sua capacidade de memorização, claro. Captar significado talvez seja o propósito da vida. Em um dos livros mais poderosos sobre a importância do significado na condição humana, *Em busca de sentido*, o psiquiatra Viktor Frankl descreve suas experiências nos campos de concentração nazistas durante a Segunda Guerra Mundial.[4] Ele começa com uma citação de Friedrich Nietzsche: "Aquele que tem um porquê para viver pode suportar quase qualquer como". Frankl afirmou que o senso de significado e propósito de um prisioneiro era um fator importante em sua capacidade de sobreviver nos campos de concentração. Ao fim, conclui que significado é mais importante do que felicidade e chamou sua forma de terapia de *logoterapia*, pois *logos* se traduz por "significado".

Frankl acreditava que é "a própria busca pela felicidade que frustra a felicidade". Enquanto isso, a psicologia — e boa parte da cultura — tem estado em uma verdadeira cruzada em busca da felicidade pelos últimos trinta anos. Não obstante, pesquisas recentes vêm confirmando as intuições de Frankl. Em um estudo, participantes ouviram música enquanto metade deles tentavam ao máximo se sentir felizes.[5] Essa metade sentiu-se *menos feliz* do que a outra que apenas ouviu a música. Outro estudo descobriu que aqueles que atribuem demasiado valor à felicidade tinham mais emoções negativas.[6] Claro, séculos atrás Buda explicou como o desejo leva ao sofrimento; isso parece valer até para o desejo de ser feliz.

Qualquer pessoa que acabou de ter um filho pode lhe dizer que significado é diferente de felicidade. Na verdade, tornar-se pai ou mãe é uma das formas mais claras de trocar felicidade do ego por significado sem pensar duas vezes.

No meu caso, como não posso amamentar, meu trabalho como pai era trocar fraldas. Troquei milhares de fraldas e me lembro vividamente da variedade de fluidos e sólidos despejados sobre mim naqueles primeiros anos. Meu sono reduziu a bem menos da metade do que costumava durar. Minha existência a cada momento era exteriormente miserável das mais variadas maneiras. No entanto, eu não trocaria ser pai por nada neste mundo, nem naquela época, nem hoje. Só a força do significado poderia fazer alguém se sentir grato nessas circunstâncias.

Ou, dito de outra forma, quando se tem um porquê, podemos lidar com qualquer como.

Compreensão

Muitas vezes nos dizem que pensar sobre algo é compreendê-lo; então, à primeira vista, a compreensão é, em geral, associada ao cérebro esquerdo. É o que chamo de "compreensão interpretativa" — o foco aqui é em como coisas separadas se fazem acontecer mutuamente. Há outro tipo de compreensão que se associa à nossa discussão sobre significado, e ela depende de uma visão mais ampla de todo um sistema de acontecimentos. Examinemos os dois tipos de compreensão para ver como elas diferem.

Os escritos de Isaac Newton, cuja obra forma a base da ciência moderna, seguem um padrão de compreensão interpretativa. Por exemplo, muitos ocidentais veem o universo como uma vasta máquina, parecida com um relógio. Um simples relógio mecânico tem algumas engrenagens, uma fonte de energia, um sistema de bobinas, tudo trabalhando em conjunto para fazer com que os ponteiros se movam pelo mostrador. Imagine que você seja capaz de compreender os detalhes de cada peça de um relógio e como elas funcionam em conjunto. Você seria capaz de montar e desmontar engrenagens e mostradores, mas talvez nunca soubesse o que é um relógio ou o que ele faz. É a mesma coisa com o universo — a janela estreita da consciência interpretativa só está ciente de uma coisa de cada vez, encontrando-se completamente alheia àquilo que une todas as partes. Buscar a verdadeira compreensão de um relógio — ou do universo — é como ler o trecho que citamos sobre soltar pipa: requer algo mais do que as partes individuais.

Um clássico exemplo dado por Newton é o de uma bola de sinuca acertando outra. Podemos *ver* o impacto da bola, um evento cuja característica de "uma-coisa-de-cada-vez" é bem nítida. A acerta B e então B se move. Cada parte da operação pode ser descrita com palavras, e tudo que não pode ser descrito com palavras é vedado. Quando descrevemos a versão newtoniana de universo como uma bola fazendo com que outra se mova, o cérebro esquerdo pode dizer: "Eu compreendo". Por que meu carro faz um barulho estranho? O amortecedor quebrou e precisa ser trocado. Por que estou com dor de estômago? Há presença de muito ácido e preciso de um remédio para melhorar. De fato, essas relações causais estão no cerne da ciência e são um reflexo de como a mente interpretativa trabalha para decompor o mundo em partes, categorias e diferenças. O cérebro esquerdo faz isso sem perceber que nada seria possível sem os poderes do cérebro direito, que guia e dá sentido a tudo.

Com isso não quero dizer que a compreensão simples do cérebro esquerdo nunca acompanha a realidade. Às vezes, se troco o amortecedor do meu carro, o barulho desaparece. Se tomo um antiácido, meu estômago melhora. Essa forma de compreensão tem sido decisiva para os avanços que nos deram a capacidade de voar, que nos levaram à Lua e que agora nos transportam em carros que andam sozinhos.

Enxergar uma coisa de cada vez é útil e necessário, mas é um processo que, em essência, depende da visão mais ampla que ocorre no cérebro direito — algo bastante irônico quando se considera que o cérebro esquerdo adora posar de mestre. Precisamos do cérebro direito para entender o propósito de um carro e do nosso sistema digestivo, e só então podemos focar as partes específicas que compõem esses processos mais amplos.

Metáfora

Vamos tentar unir essas ideias em um modelo que o cérebro esquerdo possa entender melhor (seu cérebro direito já sacou tudo). Um bom jeito de fazer isso é por meio de metáforas e símiles (esta última sendo uma forma de metáfora). Para que uma metáfora faça sentido, é necessário estabelecer conexões que não são claras quando focamos apenas as partes lineares.

Por exemplo, ao tentar descrever o que é o amor, pode-se dizer que "o amor é como uma rosa: belo, mas com espinhos que às vezes podem machucar". No trabalho, podemos "ir para a frente", "ficar para trás" ou "chegar ao topo". Nessas metáforas estamos mapeando uma abstração em uma percepção. Embora metáforas apelem tanto para o cérebro direito quanto para o esquerdo, aqui mais uma vez é o esquerdo que depende do direito. Metáforas estabelecem conexões que ultrapassam o sentido literal — mesmo que, por vezes, o cérebro esquerdo as entenda de maneira literal. Imagine se alguém lhe dissesse que vinha alimentando um sonho e você respondesse que não sabia que sonhos tinham fome?

Da mesma forma, pensar que o universo é uma máquina parecida com um relógio pode ser uma metáfora útil. Levando essa metáfora ao extremo, contudo, o cérebro esquerdo pode nos conduzir por um caminho literal que talvez termine em uma conclusão trágica: e se formos apenas uma máquina dentro de outra grande máquina sem vida? Esse tipo de pensamento muito provavelmente provocará sofrimento.

Equiparar percepção e compreensão é a essência da metáfora; tomamos algo abstrato e o conectamos a uma experiência do cérebro direito, torcendo para que o cérebro esquerdo entenda. Muitas pesquisas têm demonstrado que o cérebro direito é essencial para as metáforas e que indivíduos com lesões no cérebro direito entendem poemas, metáforas e sarcasmo literalmente.[7] Tomar uma metáfora ao pé da letra é perder de vista a conexão.

Tanto na filosofia quanto na religião, há uma longa tradição de usar metáforas na busca pela compreensão, sobretudo no Oriente. O Cânone Pali é considerado a melhor coletânea de escritos contendo os ensinamentos do Buda. Esse texto inclui mais de mil metáforas.[8] No budismo, a mente é como uma poça, pois sua água fica cristalina quando não a perturbam; o "caminho do meio", por sua vez, transmite moderação. Mesmo a expressão "o Buda" tem por base uma metáfora, pois o termo páli original significa apenas "aquele que está desperto". Em termos literais, qualquer pessoa que não estivesse dormindo seria um buda, mas nesse contexto estar *desperto* significa estar consciente da realidade em vez de hipnotizado por narrativas oníricas sobre a realidade.

Na metáfora, o cérebro faz uma conexão entre um padrão de atividade neural e o mundo real. A metáfora está também no cerne da poesia. Como escreve Emily Dickinson, "esperança é a coisa com penas". Não se pode ter esperança de entender isso literalmente, mas o cérebro direito capta a forma inusitada de associação entre esperança e penas. Nesse sentido, nossa própria capacidade de percepção é uma forma de poesia, e nossas experiências conscientes mais básicas são como escrever um poema.

Talvez seja porque a metáfora escapa às funções restritivas da mente interpretativa que o budismo e outras tradições espirituais recorram a ela com bastante frequência. Superficialmente, a maioria das metáforas parece simples e inocente, então o intérprete não faz uso de suas defesas tradicionais. E, uma vez que o cérebro direito entra em cena, a experiência até certo ponto já transcendeu o cérebro esquerdo.

Diferentemente do silêncio verbal que reina no cérebro direito, a vasta maioria dos eventos no hemisfério esquerdo são ideias sobre outras ideias, e ideias sobre ideias sobre ideias, em uma espécie de máquina burocrática autogeradora. Claro, essas narrativas e interpretações são abstrações, então é possível dizer que o que ocorre no cérebro esquerdo são incontáveis imagens sem substância refletidas na água, pois, como um zen-budista poderia dizer, "a mente é como a água".

Processamento espacial

Como mencionamos no capítulo anterior, o cérebro direito é essencial ao processamento espacial. Em vez de focar uma coisa de cada vez, o cérebro direito capta o quadro mais amplo — tanto as coisas em si quanto o espaço entre elas. Pode-se dizer que o cérebro direito compreende que uma figura é determinada pelo seu entorno, fato que o cérebro esquerdo tende a negligenciar.

A verdade é que nenhuma figura existe sem o entorno, e a forma do entorno depende da figura. Isso é algo tão simples que você corre o risco de não perceber sua relevância, sobretudo se estiver se identificando demais com o cérebro esquerdo. Por exemplo, voltemos ao jardim de infância por um momento e pensemos em algo tão simples quanto a diferença entre as ideias de um e dois. Qual é a diferença? Não é uma coisa que transforma um em dois, mas o espaço que os separa. O espaço que isola o um cria o dois.

I I

E qual é a diferença entre dois e três?

I I I

Mais uma vez, espaço. E o que é o quatro, senão o acréscimo de mais espaço? As coisas estão intrinsecamente ligadas ao espaço. O espaço conecta. O espaço cria todas as coisas. No entanto, pense no rápido exercício que realizamos no primeiro capítulo: o intérprete do cérebro esquerdo só focou os objetos presentes na sala, e você provavelmente nem considerou o espaço vazio enquanto listava o que via.

O símbolo yin-yang do taoismo expressa essa verdade perfeitamente. Precisamos do branco para ver o preto, e precisamos do preto para ver o branco. Há um entendimento aqui que não pode ser captado pelo cérebro esquerdo, uma mensagem dos antigos mestres transmitida a nós por meio desse símbolo.

Assim como o entorno define a figura, o espaço define todas as coisas no mundo, pois o espaço é o entorno por excelência. Sem espaço, ou vazio, nada poderia existir em separado. Isso explica por que o budismo, em especial o zen-budismo, é tão apaixonado pelo vazio e pelo espaço, pois são esses aspectos que possibilitam todo o resto. Considere este trecho do Sutra do Coração do budismo mahayana:

> *Forma é vazio, vazio é forma*
> *O vazio não se aparta da forma*
> *A forma não se aparta do vazio*
> *Tudo que é forma é vazio*
> *Tudo que é vazio é forma*

Frequentemente descrito como um resumo perfeito do budismo, esse excerto é usado para meditar em torno das ideias interligadas de vazio e forma, entrelaçando-as, em vez de criar separações categoriais.

Considere o ato da leitura: as palavras nesta página são tão dependentes do entorno que não podemos separar a palavra do fundo branco. As palavras só se destacam por serem diferentes do fundo. O espaço entre as linhas e as curvas que compõem as letras é tão importante quanto as próprias letras. De certa forma, é quase como se o espaço fosse *mais* importante, uma vez que é o espaço entre as partes que cria a diferença entre uma palavra e todo o resto.

Se a realidade fosse um oceano, o cérebro esquerdo só poderia captar uma onda de cada vez; já o cérebro direito vê toda a vastidão do mar. As duas coisas são uma espécie de imagem da realidade, não a realidade de fato. Não importa como se veja o oceano, a natureza do oceano não muda, apenas sua aparência. Mas como o cérebro direito capta o quadro completo, incluindo o espaço vazio, em vez de apenas os objetos separadamente no espaço, a representação que ele faz da realidade é mais próxima. O cérebro direito intui o mundo em simultaneidade (tudo de uma só vez), ao passo que o cérebro esquerdo percebe o mundo em série (uma coisa de cada vez).

É comum na psicologia descrever formas paralelas de processamento como inconscientes, assim como tratamos os sistemas digestivo e respiratório como inconscientes. Mais uma vez, o cérebro esquerdo é retratado como o "mestre" da realidade, e o direito é visto como inconsciente. Espero que o leitor agora comece a perceber que não é esse o caso. O cérebro direito, na verdade, é uma forma de consciência que não depende de palavras. De acordo com as escolas filosóficas do Oriente, não depender de palavras é uma maravilhosa forma de existência — e pode muito bem diminuir o sofrimento da humanidade.

Explorações

Exercício de espaço para a consciência

Passar da Terra ao espaço sideral pode direcionar a consciência para fora da mente interpretativa, como o astronauta Edgar Mitchell, que caminhou pela Lua, notou:

> O que vivenciei durante aquela viagem de três dias de volta para casa não foi nada menos do que uma sensação avassaladora de conexão universal. Eu senti o que tem sido descrito como um êxtase da unidade. [...] Eu percebi o universo como se ele fosse de alguma forma consciente. O pensamento era tão imenso que parecia inexprimível, e em grande parte ainda é.[9]

É um tanto irônico que precisemos viajar pelo espaço sideral para apreciar o poder do espaço, que não apenas não percebemos como não percebemos que não percebemos. Parece haver um consenso entre os cientistas de que apenas 5% do nosso universo é feito do que podemos considerar matéria típica. Talvez por isso fique mais óbvio constatar, no espaço sideral, que o espaço é mais prevalente do que a matéria. Preso à perspectiva familiar da paisagem terrestre, o cérebro esquerdo pode contar com mais facilidade a história em que a matéria é a protagonista.

Para este exercício, convido o leitor a redirecionar sua percepção para o espaço entre suas mãos, o espaço entre você e a primeira pessoa que avistar, o espaço entre os objetos à sua frente agora. Há tanto espaço que as variações desta prática são infinitas, e para ter essa experiência não é necessário sair da Terra. Uma prática é olhar para o céu à noite e focar o espaço entre as coisas. Há algo no espaço que diminui o ritmo da nossa mente, já que a mente não tem como compreendê-lo, pois o espaço não tem conteúdo nem recipiente. Assim, quando voltamos nossa atenção para o espaço, a mente interpretativa desacelera.

O *silêncio ao meio*

Sem espaço, nenhum objeto é possível, da mesma maneira que, sem silêncio, nenhum som é possível. Reparar em como os sons de muitas coisas dependem do silêncio ao fundo pode ser muito útil ao explorar os conceitos que estamos explorando. Ao ouvir uma pessoa falar, ou ao ouvir sua própria fala, dê alguma atenção ao espaço silencioso entre os sons. Percebe que, assim como uma figura depende do entorno, o som depende do silêncio? Sem silêncio, o som não teria sentido.

Por fim, considere como essas duas explorações se relacionam àquele mantra budista: forma é vazio, vazio é forma.

CAPÍTULO 6

A INTELIGÊNCIA DO CÉREBRO DIREITO — INTUIÇÃO, EMOÇÕES E CRIATIVIDADE

> *A mente intuitiva é um dom sagrado, a mente racional é um servo fiel. Criamos uma sociedade que honra o servo e esquece o dom.*
> — Albert Einstein

O zen-budismo tem um ensinamento chamado *prajnaparamita*, que geralmente se traduz como "a perfeição da sabedoria". É importante notar que a sabedoria referida aqui não é um conhecimento intelectual, mas um tipo de percepção quanto à natureza da realidade que ultrapassa a linguagem e a razão. *Prajna* também é mencionado nos escritos do zen-budismo como "sabedoria além da sabedoria". Esse tipo de sabedoria conecta-se muito à lição sobre o vazio que examinamos ao fim do último capítulo, já que nos permite conectar o espaço vazio e a matéria.

Dada a ênfase no conhecimento não verbal, é inevitável pensar que a sabedoria referida no *prajnaparamita* só pode ser compreendida pelo cérebro direito. Talvez nunca tenhamos uma resposta definitiva para essa questão, mas uma coisa é certa: há uma fonte de inteligência no cérebro direito que ultrapassa a capacidade do intérprete do cérebro esquerdo, e a neurociência moderna não é a primeira a reparar nisso.

Há mais de cem anos, o famoso psicólogo americano William James escreveu sobre um tipo não sensorial de inteligência que ele chamava de "franja da consciência". De acordo com James, trata-se de uma vaga "sensação de saber" que não parece se associar diretamente a um conteúdo sensorial ou perceptivo.[1] Por exemplo, quando você entra em determinada sala pela primeira vez e sente que aquele é um ótimo lugar para relaxar, essa é uma experiência da franja da consciência. A ideia é que, nessa situação, você processa toda a sala ao mesmo tempo — a música, os quadros nas paredes, os móveis e as relações entre as partes — e junta tudo nessa vaga sensação de aprovação. Uma forma de explicar essa experiência é dizer que, enquanto a consciência interpretativa é muito limitada, a franja opera processando todo o contexto e produz uma sensação geral de correção ou inadequação, uma espécie de posicionamento resumido sobre o contexto geral ou todas as coisas em conjunto.[2]

Na minha vida, alguns dos meus exemplos favoritos de franja da consciência aconteceram em situações em que saio de casa, lembro que esqueci alguma coisa mas não consigo dizer o quê, ou quando deparo com alguém que conheço e não lembro o nome, mesmo tendo certeza de que sei qual é. James chamava esse tipo de experiência de "evento na-ponta-da-língua", visto que é como se o conteúdo estivesse ali, mas como não consigo cravar o que é, não consigo presentificá-lo. Estudantes muitas vezes dizem que sabem determinada resposta de um exame, só *não podem provar que sabem agora*.

Pesquisas de imagens cerebrais têm demonstrado que, durante esses momentos "na-ponta-da-língua", é o cérebro direito que se "ilumina".[3] Como veremos neste capítulo, o cérebro direito se encarrega de grande parte dessas formas não verbais de conhecimento, e um dos exemplos mais interessantes disso — jamais explicado pela ciência ocidental — é aquilo que geralmente chamamos de *intuição*.

Intuição

O dicionário Merriam-Webster define *intuição* como "apreensão ou cognição imediata sem raciocínio" e "aquisição de conhecimento direto ou cognição sem pensamento racional ou inferência evidentes". Com base nessa definição, já podemos constatar que a intuição acarreta um grave dilema para o intérprete do cérebro esquerdo.

Na intuição, o conhecimento acontece sem que se possa explicar com palavras como ou de onde chega esse conhecimento. Você provavelmente já vivenciou isso em situações de maior e menor importância. Por exemplo, a previsão do tempo pode ser de sol o dia todo, mas algo lhe diz que é melhor levar um guarda-chuva. Então, quando uma tempestade imprevista desaba durante a tarde, você diz: "Eu sabia!". A intuição pode levar um amigo próximo ou parente a saber que alguém que eles amam está machucado ou correndo perigo antes mesmo de receber um telefonema ou mensagem. Há vários relatos de pessoas que, graças à intuição, tomaram decisões que literalmente salvaram vidas, e nem a ciência, nem a psicologia conseguem explicar como isso funciona — o que significa apenas que não conseguem explicar o fenômeno com as ferramentas do intérprete do cérebro esquerdo.

Muitas vezes, a intuição é menosprezada como "pura coincidência", mas James via que essas experiências eram recorrentes demais para serem explicadas pelo acaso, apontando antes para algo que ocorria dentro de nós sem que a mente consciente estivesse informada — daí o nome franja. Não surpreende, pois, que aqueles que se identificam demais com o intérprete do cérebro esquerdo inclinem-se a concluir que a intuição é uma bobagem ou uma superstição. Embora a mente interpretativa não confie na intuição, penso que a intuição seja outra forma válida de consciência que o "mestre" tem desvalorizado; como resultado, as pessoas ou deram as costas à intuição, ou não confiam nesse aspecto da nossa consciência.

Há alguns estudos científicos recentes sobre intuição que mediram essas decisões "não conscientes" (isto é, não disponíveis à esfera da linguagem do cérebro esquerdo) e que apoiam a ideia de que a intuição é uma forma de inteligência que, em certo sentido, é superior ao conhecimento do cérebro esquerdo.

Em um estudo, os participantes foram apresentados a duas pilhas de cartas de baralho, 2 mil dólares e um jogo em que o objetivo era ganhar o máximo de dinheiro.[4] Eles podiam escolher uma carta de qualquer uma das pilhas e de cara ganhar ou perder dinheiro. A primeira pilha propiciava grandes ganhos, mas também grandes perdas, e a segunda, somas pequenas, mas quase nenhuma perda. No geral, jogar com a segunda pilha era mais vantajoso. Eis a parte interessante: foram necessárias entre cinquenta e oitenta cartas para que a maioria dos participantes se tornasse "consciente" (isto é, percebesse com o cérebro esquerdo) da tendência de cada pilha de cartas. Contudo, os pesquisadores também estavam medindo as glândulas sudoríparas dos participantes e registraram que, sempre que escolhiam a primeira pilha, suas mãos produziam suor, sinal de nervosismo, depois de apenas dez cartas. Isso indicava que uma inteligência inconsciente havia chegado à conclusão correta muito antes do intérprete do cérebro esquerdo.

Ainda mais interessante, um punhado de participantes não chegou a compreender de forma consciente que a segunda pilha era a mais vantajosa, mas mesmo esses participantes apresentavam suor nas mãos ao puxar uma carta da pilha mais arriscada. Neles, o cérebro direito estava ciente das escolhas corretas, ao passo que o cérebro esquerdo nem sequer chegou a esse entendimento.[5]

Em outro estudo projetado para medir o efeito da intuição nas decisões, os participantes se viram diante de um monitor de vídeo que, de início, exibia apenas pontos aleatórios, semelhantes aos "chuviscos" de um aparelho de tevê antigo.[6] Sem que a mente consciente dos participantes fosse informada, os pesquisadores lançavam rápidas imagens de teor emocional, como cachorrinhos fofos (teor emocional positivo) ou cobras assustadoras (teor emocional negativo) e em seguida pediam que os participantes indicassem se os pontos estavam se movendo para a esquerda ou para a direita — uma tarefa não muito fácil, dadas as sutilezas do movimento. O tipo de imagem se correlacionava com a direção dos pontos, de modo que, com as imagens positivas, os pontos moviam-se para um lado e, com as negativas, para o outro. Os resultados foram impressionantes.[7] Os participantes tomaram decisões muito mais rápidas e precisas sobre a direção dos pontos quando as imagens emocionais apareciam ao fundo. Lembre-se de que essas imagens não estavam disponíveis ao intérprete, que nunca percebeu a presença delas.

Esse estudo faz sentido no contexto de um cérebro direito capaz de enxergar o conjunto e não apenas as partes, atentando a coisas que não são óbvias ao intérprete do cérebro esquerdo.[8] O cérebro direito, então, influencia as escolhas do esquerdo, sem que o esquerdo sequer compreenda por que está tomando aquelas decisões. Talvez isso seja o resumo da intuição: o cérebro direito capta uma informação que escapa ao intérprete do cérebro esquerdo e a envia na forma do que se pode descrever como inspiração ou instinto, algo que o cérebro esquerdo não consegue colocar em palavras, já não sendo capaz de entender como ele sabe o que sabe.

Emoções

O hemisfério direito do cérebro é também a principal região responsável pelas emoções — da alegria à dor, da felicidade à tristeza, e tudo que há no meio. Essa conexão entre intuição, emoção e nosso corpo físico fica aparente na metáfora que descreve inclinações intuitivas como "instinto". Na sociedade ocidental, somos várias vezes instados a escolher a "lógica em vez da emoção", sendo essa uma outra forma de o intérprete do cérebro esquerdo demandar o papel de mestre.

A maioria dos testes de inteligência mede habilidade verbal e raciocínio, de modo que, se seu vocabulário for extenso, você se verá no topo da cadeia alimentar do QI tradicional. Claro, você pode não ter inteligência social, empatia ou mesmo autoconsciência, mas nada disso costuma ser medido nesses testes, que são produto de uma cultura dominada pelo cérebro esquerdo. Talvez você até conheça pessoas que parecem "tão inteligentes que não dá para ter uma conversa normal com elas" — o que diz muito sobre a forma como medimos a inteligência hoje em dia.

Felizmente, tudo isso começou a mudar em meados dos anos 1990 quando Daniel Goleman popularizou a ideia de inteligência emocional ou QE (quociente emocional) em seu livro de mesmo nome.[9] O QE se define como a habilidade de reconhecer, compreender e lidar com as próprias emoções, bem como reconhecer e compreender as emoções dos outros. Em seu livro mais recente, Goleman analisou a relação entre o QE e o cérebro, compreendendo o QE como um conjunto de quatro partes ou elementos: autoconsciência, autogestão, consciência social e gerenciamento de relacionamentos.[10] Ele também se refere às quatro áreas do cérebro profundamente envolvidas com o QE — a maioria delas no hemisfério direito. Talvez pareça mais óbvio o que há de emocional nas últimas duas partes do QE, ao passo que autoconsciência e autogestão podem parecer elementos mais inusitados nesse contexto, então explico.

Pouco depois do lançamento de *Inteligência emocional*, publiquei uma pesquisa sobre como indivíduos com maior influência do hemisfério direito do cérebro são mais autor-reflexivos.[11] A ideia aqui é bem simples. Se o hemisfério esquerdo cria uma imagem de quem pensamos ser (nosso ego), então a única forma de refletir sobre essa ideia é a partir de um sistema exterior — o cérebro direito. Contudo, o cérebro direito só "fala" por meio de emoções, de modo que, na autorreflexão, nós contornamos o pensamento com a emoção para descobrir o que é verdade para nós mesmos em determinada situação.

Pode-se argumentar que os zen-budistas foram os primeiros a trabalhar na elevação do QE. Embora alguns possam pensar que um mestre zen não tem emoções, isso é falso. A questão não é faltarem emoções; o que se pode dizer é que um mestre zen tem domínio sobre suas emoções, pois não luta contra elas e, assim, não é delas prisioneiro. Há uma antiga anedota zen sobre um aluno irascível que ilustra isso perfeitamente: o estudante demonstrou preocupação com seu próprio mau temperamento ao mestre, e o mestre disse: "Mostre-me". Claro, o estudante não conseguiu e explicou que não tinha controle sobre a própria ira: ela apenas acontecia. O mestre respondeu que, se ele não tinha controle sobre a ira, esse sentimento não fazia parte de sua verdadeira natureza. Daquele momento em diante, sempre que o estudante sentia a raiva crescendo dentro de si, ele relembrava as palavras do mestre, e o sentimento recuava.

Observar nossas emoções em tempo real pode aumentar nosso QE, pois instaura um espaço entre a reação interpretativa e a emoção. Além disso, ensina a não lutar contra as emoções ou tentar suprimi-las, o que é sempre uma causa perdida. A meditação zen ensina que, quando um pensamento inquietador ou uma emoção emergem durante a meditação, deve-se observá-los e, em seguida, retornar ao momento presente.

Considere o fluxo natural das emoções em uma criança pequena — nada é forçado, e não há emoções "boas" ou "más", pois não há categorias aprendidas, nem linguagem. Anos depois, julgamos que algumas emoções são boas e devem ser buscadas, enquanto outras são ruins e devem ser evitadas. Na psicologia, isso termina por se transformar em um grande movimento pela felicidade, em que as pessoas buscam desesperadamente sentimentos alegres, evitando toda emoção negativa. Nada poderia estar mais distante da prática zen: aqui não há emoção errada, portanto não se busca nem se luta por nenhuma emoção. Meus alunos já sabem que não devem me desejar "um bom dia", pois não há nada de errado com um dia ruim ou com o mau humor.

Durante uma palestra hoje célebre, o filósofo oriental e professor espiritual J. Krishnamurti perguntou ao público: "Querem saber qual é o meu segredo?". De acordo com vários relatos dessa história, numa voz suave, ele disse: "Eu não me incomodo com o que acontece".

Na aceitação absoluta de todas as emoções, as emoções já não têm controle sobre você, pois você desistiu de tentar controlá-las. Ou, dito de outra forma, talvez mais precisa: a mente interpretativa desistiu de tentar controlar as emoções, e, assim, abriu mão de lutar pelo papel de mestre.

Gratidão e compaixão

Duas emoções que podem nos oferecer uma janela especial para o cérebro direito são a gratidão e a compaixão. A maioria das pessoas concorda que são características virtuosas que podem nos ajudar a viver uma vida mais plena, por isso passamos a entendê-las como ideais pelos quais devemos lutar ou atributos que devemos "conquistar". Contudo, gratidão e compaixão são sentimentos inatos, como a experiência da dra. Jill Bolte Taylor, que conhecemos no capítulo anterior, sugere.

Taylor relatou que, durante as provações acarretadas pelo AVC que sofreu, ela se sentiu extremamente compassiva e eternamente otimista. Como o AVC desativou apenas seu cérebro esquerdo, esses sentimentos só poderiam emanar de seu cérebro direito, sugerindo que a gratidão e a compaixão já estão programadas dentro de nós. O caso é que talvez seja difícil acessá-las em meio à tagarelice do intérprete do cérebro esquerdo. Embora alguns acusem os otimistas de "viverem em um mundo de fantasia", ser grato implica, na verdade, um profundo apreço pela realidade. Alguns estudos demonstraram que sentimentos de gratidão ativam o cérebro direito do cérebro. Mas, antes de conferir tais estudos, vamos examinar o oposto da gratidão: o ato de se queixar, e onde essa ação pode se dar no cérebro.

Queixar-se é uma forma popular e bem-aceita de interação social. Não me refiro ao ceticismo ou à crítica construtiva, que podem ser bastante úteis. Por queixar-se, ou reclamar, quero dizer *opor-se às coisas como elas são* de uma forma que não é útil, como "esse clima nublado é terrível!".

Para os nossos propósitos, vamos definir queixas ou reclamações como afirmações que defendem a ideia de que as coisas "não deveriam ser como são" ou que "isso não devia ter acontecido". Como talvez possa adivinhar, reclamações, ditas ou apenas pensadas, sempre emergem da mente interpretativa. Uma reclamação é, estritamente, uma interpretação dos eventos, uma narrativa e um julgamento negativo.

Por exemplo, afirmações como "Esta chuva estragou meu dia", ou "Não acredito que meu pneu furou", ou "O trânsito está horrível" são exemplos que refletem uma mentalidade negativa, não uma crítica útil. Em nossa cultura temos até uma espécie de jogo bastante popular, a competição pelo "pior dia", em que as pessoas debatem quem teve o dia mais desagradável, o vencedor sendo, bizarramente, o verdadeiro perdedor.

Como você pode imaginar — e inúmeros estudos o confirmaram —, queixar-se leva a níveis elevados de ansiedade e depressão.[12] Quando alguém diz "Essa fila é longa demais" ou "Nada dá certo para mim" ou "Eu queria estar bem longe daqui", a afirmação se torna uma crença, gerando, por conseguinte, uma série de emoções consistentes com essa crença. Em suma, queixas se cristalizam numa crença de que há algo errado com a realidade. Isso muitas vezes se torna uma bola de neve, pois uma reclamação traz uma onda de emoções que, por sua vez, influenciam outras crenças, gerando mais emoções negativas. Todas essas reclamações inúteis nascem de uma identificação exagerada com o cérebro esquerdo e com o self ilusório, pois é apenas o ego que pode se contrapor à realidade como ela é.

Por outro lado, a gratidão é um reflexo do cérebro direito. Para deixar claro, o sentimento de gratidão ultrapassa a simples aceitação da realidade para alcançar uma esfera em que somos gratos pela realidade. Por exemplo, se o cérebro direito pudesse falar, em vez de dizer "Eu aceito que esteja chovendo", ele talvez dissesse: "Ainda bem que está chovendo". Pesquisas têm determinado que há uma maior atividade no cérebro direito quando os participantes vivenciam sensações de gratidão,[13] e outro estudo descobriu que os participantes que se mostravam mais gratos tinham mais matéria cinzenta em certas partes do cérebro direito.[14]

Em um estudo, os participantes foram divididos entre dois grupos aleatórios. O primeiro descrevia regularmente cinco coisas pelas quais se sentiam gratos, enquanto o segundo grupo listava cinco coisas que eles consideravam um aborrecimento. Depois de dez semanas, o grupo agradecido sentia-se mais otimista em relação ao futuro, apresentava menos queixas de saúde e até passava mais tempo se exercitando.[15]

Das mais variadas formas, a gratidão reflete todas as qualidades opostas do intérprete do cérebro esquerdo. Temos o poder de escolher como enxergamos o mundo: podemos ver as coisas a partir de um sentimento de contrariedade ou de gratidão. Oliver Sacks, um dos meus escritores preferidos da neurologia, conhecia bem essa escolha. Quando se viu diante da própria morte, escreveu um livro chamado *Gratidão*.[16] No livro, escreveu:

> Não posso fingir que não estou com medo. Mas meu sentimento predominante é a gratidão. Amei e fui amado; recebi muito e dei algo em troca. [...] Acima de tudo, fui um ser senciente, um animal pensante neste lindo planeta, e isso por si só foi um enorme privilégio e uma aventura.

Ser grato é uma escolha que nos afasta do intérprete do cérebro esquerdo e nos alinha aos poderes do cérebro direito.

A compaixão é também uma arena do cérebro direito. No budismo, a compaixão é muitas vezes descrita como "a habilidade de enxergar outra pessoa potencialmente como nós mesmos" ou "ver a interconectividade de todas as coisas". A compaixão tem a ver com enxergar o conjunto, especialidade do cérebro direito. Eu acrescentaria que a verdadeira compaixão só ocorre quando podemos imaginar a nós mesmos na posição do outro.

Rebecca Saxe é uma neurocientista cognitiva que tem investido bastante tempo e energia explorando como o cérebro entende os pensamentos dos outros, e ela pode ter encontrado uma parte do cérebro direito crucial para que possamos ter a experiência da compaixão.[17] Para apresentar esse ponto de vista, considere o seguinte cenário como experimento:

> Grace e Sally estão visitando uma instalação química. Grace vai à máquina de café para se servir. Sally diz que também quer café, com açúcar. O pó branco ao lado da máquina de café é um produto químico fatal esquecido ali acidentalmente por um cientista, mas o recipiente está claramente marcado como "açúcar". Grace acredita que o pó branco é açúcar. Ela põe a substância no café de Sally. Sally bebe e morre.

Até que ponto Grace é responsável pela morte de Sally? Aposto que você jamais a consideraria culpada, e agora se sabe que o cérebro direito é essencial nesse julgamento. Há uma seção do cérebro direito chamada junção temporoparietal direita (JTPD) cuja única tarefa é considerar a perspectiva das outras pessoas. A pesquisa de Saxe descobriu que, quanto mais as pessoas conseguem se identificar com a mente de Grace e compreender que, da perspectiva dela, ela era inocente, mais ativa era a JTPD. Por outro lado, quando um pulso magnético era aplicado na JTPD para prejudicar sua função, os participantes mostraram-se menos capazes de levar em consideração a mente de Grace.

Como se descobriu, a JTPD não está plenamente desenvolvida nas crianças, que enfrentam dificuldades em ver as coisas pela perspectiva do outro antes do amadurecimento dessa área. Qualquer pessoa que tenha experiência com crianças pode atestar isso, uma vez que é quase impossível para um pequeno de 2 ou 3 anos considerar as necessidades de seus pares quando se trata de compartilhar um brinquedo desejado.

O mitólogo Joseph Campbell disse o seguinte sobre a compaixão: "Quando problemas de verdade surgem, sua humanidade desperta". Basta considerar que muitos de nós correrão para um edifício em chamas para salvar um completo estranho sem pensar duas vezes, uma atitude ilógica para o intérprete do cérebro esquerdo. Goste ou não, nosso self verdadeiro é mais compassivo do que o cérebro esquerdo é capaz de admitir. Assim, trazer o desejo do cérebro esquerdo de ser o mestre a um ponto de equilíbrio estimula uma compaixão extraordinária e a interconexão com os outros.

Criatividade

Outra área que tem sido associada ao hemisfério direito do cérebro há muito tempo é a criatividade. Embora algumas críticas recentes na comunidade da neurociência acusem essa associação de ser simplista demais, examinemos rapidamente por que o hemisfério direito do cérebro conquistou essa distinção.

Em termos de conexões neurais, os hemisférios esquerdo e direito do cérebro diferem-se em sua estrutura física. O cérebro esquerdo apresenta menos conexões, tanto em seu interior quanto em relação ao restante do cérebro. O cérebro direito tem conexões fibrosas mais numerosas e mais longas tanto em seu interior quanto em relação ao restante do cérebro.[18] Essa conectividade neural maior permite que o cérebro direito faça novas conexões entre ideias diversas, e, por causa disso, é frequentemente rotulado como o hemisfério criativo do cérebro.

Quando a maioria das pessoas pensa sobre criatividade, elas focam atividades artísticas tradicionais, como pintar, esculpir ou escrever, mas a verdade é que a ideia de criatividade se aplica a uma gama muito mais variada de ações. Por exemplo, vejamos este teste de criatividade bastante popular, que mede nossa capacidade de estabelecer conexões entre coisas que parecem remotas e distantes.[19]

Que palavra conecta as três palavras abaixo:

Viúva

Mordida

Macaco

Se a palavra *aranha* surgiu na sua mente, foi provavelmente com a ajuda do seu cérebro direito. Essa associação é criativa, pois as conexões não são óbvias de imediato.

Dessa forma, a criatividade pode ser descrita como uma forma de inteligência — uma inteligência que tem sido fundamental nas descobertas frequentemente associadas ao cérebro esquerdo. Por exemplo, Albert Einstein é um dos cientistas mais famosos do mundo, um mestre em um campo que tem por base a lógica e o pensamento racional. Contudo, ele foi capaz de perceber a conexão entre o movimento no espaço e a desaceleração do tempo de uma forma inédita que não era clara para mais ninguém.

Muitos artistas também sentem que sua criatividade está relacionada à intuição. O autor Ray Bradbury uma vez disse: "Sua intuição sabe o que escrever, então não atrapalhe".[20] O cineasta David Lynch vai ainda mais além: "A intuição é a chave para tudo na pintura, no cinema, nos negócios — tudo. Acho que você pode ter certa capacidade intelectual, mas se puder aguçar sua intuição [...] um novo plano de percepção se abre".[21] Além dos artistas, há muitos outros exemplos notáveis de pessoas que atribuem parte de seus maiores triunfos ao poder da intuição, como Steve Jobs, Oprah Winfrey e Carl Jung.

Nas áreas envolvendo intuição, emoção e criatividade, a inteligência do cérebro direito nos oferece a "sabedoria para além das palavras". Mesmo que o intérprete do cérebro esquerdo ignore ou minimize o que acontece em sua contraparte, é impossível negar o poder e a potência do cérebro direito, que oferece *insights* que mudam vidas, jorros de genialidade intuitiva e saltos enormes em nossa capacidade de resolver problemas de maneira criativa.

Explorações

Um dia sem se queixar

Nas minhas aulas, desafio os estudantes a observarem quanto tempo eles conseguem passar sem fazer uma reclamação e depois peço que escrevam sobre o resultado. Defino reclamação, ou queixa, como se opor a algum aspecto da realidade, então, repito, uma atitude simplesmente cética ou uma crítica construtiva não contam. Esse projeto tem resultado em alguns dos artigos mais interessantes escritos por meus alunos. Dúzias de estudantes se surpreenderam ao perceber como as reclamações haviam se tornado tão habituais na vida que eles nem se davam conta. Outros diziam que "amavam" reclamar e que não tinham cogitado mudar isso, o que também é um *insight* poderoso. Por fim, muitos admitiram que nem sequer conseguiam chegar ao fim da aula sem algum tipo de queixa.

Embora alguns estudantes acreditem que amam reclamar, no mais das vezes descubro que eles percebem a existência de sentimentos mais negativos depois de uma longa sessão de reclamação. Em vez de se sentirem bem ou aliviados após se queixarem sem parar com amigos, a maioria relatou que, geralmente, sentia-se pior.

Teste de intuição

Passamos um bom tempo examinando os poderes subvalorizados do cérebro direito, mas ele não é de modo algum infalível. Uma das questões mais importantes para a psicologia moderna é descobrir quando devemos confiar na nossa intuição e quando o cérebro esquerdo está certo em tratá-la com prudência ou ignorá-la. Nos anos 1970, a psicologia dedicou algum tempo mostrando que nossos instintos podem nos meter em apuros.[22] Um exemplo:

Direi apenas quatro coisas sobre Jim. Ele é baixo, magro, usa óculos e gosta de ler poesia. Jim muito provavelmente é:

A) professor de inglês em uma universidade de ponta

ou

B) motorista de caminhão?

Para onde sua intuição o levou dessa vez? A opção "a" surgiu na sua mente? Pensemos sobre isso — ou seja, apliquemos à questão um raciocínio mais rigoroso e linear. Quantos professores de inglês de universidades de ponta existem no mundo? Quantos são baixos? Magros? Usam óculos? Gostam de ler poesia? Ok... Agora, quantos motoristas de caminhão existem no mundo? Mesmo desconhecendo o número exato, é óbvio que há uma quantidade muito maior de motoristas de caminhão, portanto, o mais provável é que Jim seja um deles.

Outro exemplo: imagine que você vai girar a roleta em um cassino e nas últimas cinco rodadas, o vermelho ganhou. Onde você apostará seu dinheiro na próxima rodada? No vermelho ou no preto? A falácia do apostador acontece quando as pessoas acreditam que devem mudar para o preto, pois, depois de tantas rodadas de vermelho, sentem que é mais provável que, na próxima, o preto vença. Contudo, na realidade, a rodada seguinte não é afetada pelas anteriores. Inúmeros outros exemplos nos mostram que, quando usamos nossos "instintos", tendemos aos estereótipos, às generalizações e apostas que podem nos colocar em um mau caminho.

Portanto, embora seja uma coisa real e documentada, a intuição não pode ser invocada ao nosso bel-prazer, e, como mostram os exemplos do motorista de caminhão e do apostador, precisamos ser cuidadosos para não nos apoiarmos nela de maneira equivocada. No Ocidente, sobretudo, onde o "mestre" intérprete do cérebro esquerdo não honra o dom da mente interpretativa, talvez poucas pessoas aprendam a desenvolver essa forma de conhecimento ou estabeleçam sistemas que evitem suas armadilhas.

Recorra à intuição nas grandes decisões

Precisa tomar uma grande decisão? Um estudo sugere que, ao fazer transações importantes (no caso desse estudo, os participantes estavam comprando automóveis), aqueles que as fizeram a partir de uma inclinação intuitiva ou instinto sentiram-se mais satisfeitos com o resultado final do que aqueles que gastaram um bom tempo deliberando.[23] Na próxima vez que tiver de tomar uma decisão crucial, atente à sua inclinação inicial, pois esse estudo sugere que você tem grande chance de estar correto. Seu cérebro direito pode dispor de informações de maior escopo, das quais você (isto é, o intérprete do cérebro esquerdo) não está plenamente consciente, e essas informações vão afetar o resultado final da sua escolha.

CAPÍTULO 7

O QUE É A CONSCIÊNCIA?

Para aquele que percebe todos os seres em Si Mesmo, já não haverá ilusão ou dor.

— Os Upanishads

Até aqui temos examinado as evidências oriundas do campo da neuropsicologia que corroboram ideias importantes do budismo e de outras tradições filosóficas orientais, em especial a ideia de que o self que todos aceitamos como muito natural é, na verdade, uma ilusão e que essa ilusão é a causa de boa parte do sofrimento mental humano — quando não de todo ele. Talvez seja difícil absorver essa ideia, sobretudo porque o intérprete do cérebro esquerdo não apenas é convincente em sua natureza ilusória, como também trabalha febrilmente para evitar que sua ficção seja desmascarada.

Também examinamos o cérebro direito e descobrimos que, embora seja silencioso em termos de pensamento verbal e acabe rotulado de "inconsciente", ele tem uma inteligência toda sua. Além disso, nas áreas relacionadas à busca de significado e compreensão do todo, é o cérebro esquerdo "consciente" que depende do direito "inconsciente".

Não sei se as evidências apresentadas até aqui o convenceram ou não, mas podemos concordar numa coisa: todos nós somos conscientes. Em outras palavras, os seres humanos compartilham o que podemos chamar de um senso de percepção inegável. Uma vez que nosso senso de self parece tão central para nossa consciência, o que representaria para a consciência se esse self fosse de fato uma ficção?

Para contextualizar essa discussão, noto aqui que a neurociência contemporânea é marcada por uma crença que ultrapassa todas as demais: a consciência se localiza no cérebro. Em razão dessa localização específica, a neurociência tradicional supõe que a própria consciência é também individual — ou seja, existe separadamente em cada cérebro isolado. Em outras palavras, eu tenho a "minha consciência" e você tem a sua, e nesse sentido a mente interpretativa pensa e age como se a consciência "pertencesse" a ela.

Embora cérebro e consciência estejam claramente conectados — se você sacudisse minha cabeça por muito tempo, eu ficaria tonto —, a história talvez não se resuma a isso. Afinal, a Terra não é plana só porque parece ser assim no Kansas.

Considere a obra do autor e pesquisador Rupert Sheldrake, que tem desafiado a ciência ao questionar muitas pressuposições desnecessárias, incluindo a ideia de que a consciência está encerrada no crânio. Sheldrake acredita que a consciência pode se estender para além do crânio, assemelhando-se ao que chamamos de *campo mórfico*.[1] Para aqueles sem familiaridade com o termo, no mundo científico, um *campo* se refere a uma espécie de força invisível que não tem as mesmas propriedades nem age da mesma forma que os objetos materiais. *Campos mórficos* aderem a um objeto material ou o circundam. Por exemplo, pense em como um campo magnético se estende para além do próprio ímã. Você pode quebrar o ímã em vários pedaços, mas o campo magnético subsiste, pois o próprio campo é holístico e não pode ser dissecado.

Os animais, que carecem do intérprete do cérebro esquerdo desenvolvido dos humanos, podem comprovar em certa medida que a consciência se estende além do cérebro.[2] Sheldrake nota que os gatos muitas vezes sabem (e temem) quando é hora de ir ao veterinário e por isso se escondem de seus donos. Claro, os donos contra-atacam com estratégias para minimizar as pistas de que é hora de ir ao veterinário, mas mesmo assim os bichanos parecem saber. Das 65 clínicas veterinárias que ele contatou, 64 afirmaram que é bastante comum que donos de gatos percam suas consultas por não conseguirem encontrar seus animais. Na clínica de número 65, isso era tão frequente que eles desistiram completamente das consultas marcadas.

Donos de animais de estimação muitas vezes afirmam que seus bichinhos parecem saber quando um membro da família está chegando em casa ou quando alguém está prestes a bater à porta. No meu caso, temos em casa um cachorro neurótico de dois quilos, e minha esposa é o centro do seu universo. Por anos a fio, notei que nosso cachorro sempre parecia saber quando minha esposa estava prestes a chegar:

ele começava a correr em círculos, parava para olhar pela janela, depois corria em círculos de novo. O que chamou minha atenção é que ele também fazia isso em situações sem qualquer pista de que minha esposa estava chegando. Ou seja, sua chegada era inesperada — ela esquecera algo e teve de voltar, por exemplo, e nosso cachorro sabia disso antes de mim.

Contudo, para que seja ciência válida, precisamos garantir que não estamos rememorando apenas as situações que confirmam nossa hipótese e ignorando as demais. Sheldrake conduziu um estudo cuidadoso sobre tais ocorrências em que donos de bichos de estimação eram aleatoriamente convocados a voltar para casa.[3] Os donos então retornavam de táxi, sempre ocultando qualquer pista sobre sua iminente chegada. O pesquisador descobriu que os animais começavam a ficar agitados no exato momento em que a intenção de voltar para casa se firmava em seu dono. Isso sugere alguma espécie de conexão entre a consciência do bichinho de estimação e o dono.

Em uma última anedota sobre o mundo animal, em meados do século 20, um frango ficou conhecido como "Mike Milagroso", depois de sobreviver a uma tentativa de decapitação já no balcão de preparo. Embora a única coisa que tivesse sobrado acima do pescoço fosse o tronco encefálico e um ouvido, o frango foi mantido vivo por seu dono que, vendo a resiliência do animal, decidiu poupá-lo, servindo-lhe comida e água diretamente no pescoço com um conta-gotas. Mike viveu por mais dois anos sem cabeça, caminhando e se comportando de maneira normal, chegando até a participar de uma turnê em um circo. No caso de Mike, seria impossível argumentar que sua consciência residia no cérebro.

Se aceitarmos por um momento a ideia de que a consciência de fato se estende para além do cérebro, isso talvez possa explicar alguns fenômenos geralmente descritos como mediúnicos ou paranormais. (Veja se seu cérebro esquerdo tem uma reação de menosprezo diante desses termos, muito comum na comunidade científica.) Um exemplo de tais fenômenos é o que os pesquisadores de Stanford Russell Targ e Harold Puthoff chamaram de visão remota, ou a capacidade de ver alvos e locais distantes apenas com o "olho da mente". Um programa para estudar e desenvolver técnicas de visão remota chegou a ser fundado pela Agência Central de Inteligência do governo norte-americano durante os anos 1970 e 1980.[4]

Visão remota é apenas um termo pomposo para o que a parapsicologia chama de *clarividência* (a própria palavra vem da junção dos termos franceses para "claro" e "visão") e se refere à capacidade de obter informações sobre uma pessoa, um objeto ou um evento por meio de uma espécie de percepção extrassensorial. Ser capaz de captar algo fora do alcance de seus sentidos físicos pode sugerir o deslocamento da sua consciência em direção a esse local afastado.

Se admitíssemos por um momento que certos exemplos de habilidades psíquicas têm certa dose de verdade, teríamos aí um indício de que a consciência de fato se estende, pelo menos para algumas pessoas e em certas instâncias, para fora do cérebro. Além disso, talvez a intuição possa ser explicada em parte por essa expansão da consciência para além das fronteiras cerebrais.

Embora essas ideias sejam especulativas, é possível afirmar algo com toda a certeza: apesar dos maiores esforços e das melhores tecnologias que a ciência moderna tem a oferecer, a comunidade neurocientífica não localizou a consciência no cérebro. Talvez por uma simples razão: não é ali que ela reside. E se o cérebro estiver conectado à consciência, ou for parte da consciência, e não seu possuidor?

Se a consciência for uma coisa que emerge do cérebro conectando-se a um campo mais vasto de consciência, em vez de existir enquanto objeto dentro do cérebro, então, assim como nosso senso de self, ela começa a se assemelhar e a ser sentida muito mais como um verbo do que como um substantivo. Substantivos são sólidos e imóveis, ao passo que os verbos são fluidos e ativos. Verbos movem-se pelo tempo e espaço e são difíceis de localizar.

Talvez todas as manhãs sete bilhões de cérebros sintonizem essa grande consciência, que teria então acesso a memórias particulares e a sete bilhões de perspectivas únicas (cada uma delas constituindo seu próprio "piloto"). Seria o renascer do intérprete. Talvez exatamente isso tenha acontecido hoje de manhã. Talvez a consciência se identificasse com aquela pessoa única e jamais suspeitasse que ela não é aquela pessoa, tal como neste exato momento você acha que você é você. Se for assim, talvez a consciência, em vez de ser vista como um "observador", ideia muito mencionada em círculos espirituais, devesse ser entendida mais exatamente como uma "observância".

Se isso for verdade, nossa crença mais básica viraria de cabeça para baixo. De todas as ideias que discutimos, a de que a consciência reside atrás dos nossos olhos e entre nossas orelhas parece inabalável para a maioria de nós. Essa experiência se relaciona diretamente à ilusão de um self interior. São ideias que trabalham juntas, levando à sensação de haver um "eu" dentro do crânio. Espero que você esteja começando a considerar a possibilidade de que essas duas ideias — consciência individual e self — sejam ilusões.

Uma última consideração sobre a consciência: a ciência moderna apoia-se na pressuposição de que as coisas materiais, como o cérebro, são primárias. Ou seja: os cientistas acham que o cérebro e apenas o cérebro pode fazer emergir a consciência. Mas, de novo, e se o oposto for verdade? E se for a matéria que emerge da consciência? É o que muitas escolas filosóficas orientais nos dizem. Se elas acertam no que se refere à não existência do self, é possível que também estejam corretas quanto a isso? O mestre de Advaita Vedanta Nisargadatta Maharaj disse: "Você não está no mundo, mas o mundo está em você. Ele é simplesmente um produto da consciência". Essa ideia começa a se assemelhar mais uma vez ao Sutra do Coração, em que o vazio (espaço) faz emergir a forma (matéria). Embora uma discussão aprofundada desse tópico fuja ao escopo deste livro, temos aí algo a se considerar.

Explorações

Consciência equívoca

Os dois exercícios a seguir mostram como é fácil subverter a relação entre consciência e corpo, sugerindo uma consciência mais flexível e menos enraizada no cérebro do que imaginamos.

O primeiro é tão simples que costumo executá-lo em sala. Peço para dois estudantes se sentarem em cadeiras, um atrás do outro, ambos voltados para a mesma direção. O Estudante A está atrás, olhando para as costas do Estudante B. Peço então que ambos fechem os olhos ou coloquem uma venda. Como condutor do experimento, tomo a mão direita do Estudante A e faço seu dedo indicador tocar o nariz do Estudante B, que está sentado à frente. Ao mesmo tempo, uso minha mão esquerda para tocar o nariz do próprio Estudante A. Eu controlo os movimentos, de forma que os dois toques ocorrem em perfeita sincronia.

Considere a mensagem enviada ao cérebro do Estudante A: minha mão está sessenta centímetros à frente, tocando um nariz. Incrivelmente, e sem erro, o cérebro do Estudante A realiza uma revisão radical, tendo como base a evidência física, e conclui que *seu próprio nariz tem sessenta centímetros de comprimento*. Depois do experimento, o Estudante A por vezes relata que sentiu seu nariz crescer lentamente, outras vezes diz que o nariz pareceu crescer de modo instantâneo. A experiência em certos casos é tão profunda e surpreendente que, mesmo estando em uma sala repleta de colegas, o Estudante A se assusta e grita.

Há outra forma de alcançar essa ilusão que testo em meu laboratório; você precisa de uma mão falsa de borracha (encontra-se fácil em lojas de fantasia), uma mesa e um pedaço grande de papelão.[5] O participante senta-se à mesa e estica o braço, de forma que, com o papelão como divisória, sua mão fique oculta. A mão falsa é colocada bem à frente do participante, repousando tal como sua mão repousaria naturalmente. Em seguida, o condutor do experimento pede ao participante para olhar para a mão falsa, enquanto dá uma série de tapinhas e rápidos afagos tanto na mão falsa quanto na mão real do participante, tudo de forma aleatória e em perfeita sincronia. Mais uma vez, procure imaginar as mensagens que chegam ao cérebro do participante: estou olhando para uma mão falsa de borracha que está sendo tocada ao mesmo tempo que minha mão verdadeira. O cérebro do participante faz então aquela mesma revisão radical: a mão falsa é, na verdade, verdadeira. O participante simplesmente transfere sua consciência para a mão falsa.

Uma vez que a ilusão se estabelece, o condutor do experimento pode fazer qualquer coisa, desde bater na mão falsa com um martelo até aplicar uma injeção com uma longa agulha. Em experimentos passados, a reação a essas ações foi de como se o participante tivesse de fato experimentado a dor real da mão esmagada ou da picada da agulha.

O dr. V. S. Ramachandran, neurocientista já mencionado neste livro, criou um tratamento interessante para pessoas que sofriam com a sensação de membros fantasmas.[6] Indivíduos mutilados têm, por vezes, a estranha sensação de que o membro perdido continua ali. Nos piores casos, o membro fantasma é fonte de alguma dor. Em um exemplo, a mão fantasma do paciente cerrava o punho com tanta força que as unhas fantasmas feriam a palma da mão, provocando um sofrimento extremo. Mas como a ciência médica poderia lidar com a dor em um membro que nem sequer existe? Ramachandran acreditava que, enganando o cérebro do paciente, seria possível oferecer algum alívio. Ele preparou uma caixa com espelhos construída de tal forma que, quando o paciente colocava a mão que lhe restava em uma abertura, os espelhos faziam parecer que o paciente tinha de fato duas mãos — a mão que faltava era suplantada por um reflexo da mão remanescente. O paciente então colocava sua mão e abria um punho cerrado. Tudo que o cérebro — ou talvez a consciência — precisava ver era a mão fantasma abrindo o punho cerrado, e a dor desaparecia.

Teste suas habilidades psíquicas

Essa exploração é uma forma divertida de você testar por si próprio a hipótese de que a consciência talvez se estenda para fora do crânio. Você vai precisar de um baralho, uma sala silenciosa e quatro ou mais amigos. Para começar, pegue cinco cartas aleatoriamente e coloque-as na mesa, viradas para cima. Em seguida, escolha uma pessoa que será o "receptor" e peça que ela se retire da sala por um momento. Os membros restantes do grupo, os "emissores", escolhem uma das cinco cartas. Convide o receptor para voltar e não diga que carta o grupo escolheu.

Peça que todos os emissores fiquem em silêncio e não façam contato visual com o receptor, que colocará uma mão sobre cada carta para ver se a carta escolhida pode ser "sentida". Eis o último passo: quando o receptor colocar a mão sobre uma carta errada, todos os membros do grupo dos emissores devem dizer *não* mentalmente, como se estivessem enviando uma mensagem para o receptor. Da mesma forma, quando o receptor colocar a mão sobre a carta correta, os emissores devem dizer *sim* mentalmente, informando ao receptor que aquela foi a carta selecionada. Não se deve apressar o receptor, que a cada carta deve buscar uma diferença sutil em termos de sensação. Por fim, o receptor escolhe a carta. Estatisticamente, se nada disso fizer sentido, a escolha estará correta em 20% das vezes, já que são cinco cartas. Tenho um amigo que faz esse experimento regularmente com diferentes grupos, e ele diz que as porcentagens são quase sempre mais altas do que isso, com alguns grupos adivinhando corretamente em 80% das vezes. Embora isso não possa ser considerado um estudo científico, é uma forma divertida de você mesmo testar essa habilidade.[7]

CAPÍTULO 8

ENCONTRANDO O VERDADEIRO VOCÊ

No fim, tudo terminará bem para você.
— Ramana Maharshi

Todo semestre, pelo menos um dos meus alunos, por vezes claramente angustiado, me pergunta: "Se meu intérprete do cérebro esquerdo é uma ficção, quem é o *verdadeiro* eu?". Tentarei responder a essa questão, mas, antes, quero lembrar o leitor de que isso é o que o intérprete do cérebro esquerdo *sempre* pergunta, pois o intérprete ama conclusões e certezas, tendo uma necessidade constante de "pensar sobre tudo", e essa questão é um exemplo do próprio processo que cria e sustenta as ficções que ele inventa.

Em se tratando do cérebro direito, talvez ele já saiba a resposta ou talvez não se importe muito. Outra possibilidade é que o verdadeiro você — seja lá quem for — adore um mistério. Em todo caso, farei o possível para responder valendo-me de um método que agrada a ambos os hemisférios do cérebro: uma simples história.

No Oriente, há um conto clássico sobre esconde-esconde contado por vários mestres, mas todas as versões são mais ou menos assim: no começo só havia Deus, então Deus não tinha com quem brincar além de Deus. Portanto, Deus criou um jogo de esconde-esconde, mas a única forma de jogar era fingir que ele era quem não era e que ele não era quem era. Em outras palavras, Deus só podia jogar esquecendo-se de si mesmo. Deus se perdeu em cada um de nós e em todo o nosso drama para viver uma aventura, ainda que isso por vezes acarrete coisas terríveis. Mesmo o pior sofrimento é como um sonho ruim, que acaba tão logo Deus acorda.

Imagine que você é uma entidade onipotente e onisciente e sua existência seja um júbilo eterno. Você escolheria essa existência, se pudesse? E se a única forma de tornar as coisas mais interessantes fosse se esconder do que você é, ou ser exatamente o que você não é, em um grande jogo de faz de conta? De repente, o jogo estaria "em marcha", e haveria grandes dramas e emoções na busca por você mesmo. Claro, você jamais poderia saber que era tudo uma brincadeira, caso contrário não funcionaria.

Você gostaria de assistir a um filme sem conflito, sem vilão, sem um desafio a superar, exibindo personagens que não têm nenhum objetivo nem buscam conquistar nada? Nesse filme, as coisas estão bem tal como estão. Enquanto assistimos, os atores apenas se sentam em um júbilo meditativo, ou fazem caminhadas pela natureza, ou se dão as mãos. É difícil imaginar tal filme e ainda mais difícil imaginar alguém gostando dele. Mesmo com os melhores atores e efeitos especiais, muito provavelmente seria um fiasco histórico.

Quão divertido seria apostar em um cassino de sua propriedade? Não haveria como *ganhar* de verdade, pois, se ganhasse, você perderia, e, da mesma forma, se perdesse, ainda ganharia. A única forma de se divertir em seu próprio cassino é esquecer que você é o dono. Só então as vitórias seriam empolgantes e as derrotas pareceriam trágicas, mesmo não sendo.

Embora pareça estranho sugerir que isso está acontecendo conosco, eu penso — ou, antes, sinto — que essa história indica a verdadeira natureza da nossa existência. Talvez uma força eterna todo-poderosa fizesse exatamente o que está acontecendo agora, escondendo-se de si mesma por meio de bilhões de estratégias, aí dentro de você enquanto lê esta frase, alheia à própria essência, mas, ao mesmo tempo, compreendendo que tudo está em perfeita harmonia.

Todo jogo, toda aventura demanda um desafio que precisa ser superado ou uma força maligna que precisa ser combatida e destruída. Os cristãos chamam isso de mal ou pecado, os budistas falam dos três venenos (medo, ganância e ilusão), os freudianos chamam de id, e Jung menciona "a sombra", mas é o mesmo mecanismo que se entrelaça ao tecido de um universo determinado a jogar e de um mistério sem fim.

A questão em todo jogo — mesmo no grande jogo do universo — é que, a menos que haja uma possibilidade de derrota — e essa derrota tem de ser "real" —, não há jogo.

O grande jogo de todos os jogos é o jogo da vida e da morte. Se a morte não parecesse real, o jogo não teria sentido. A morte parece uma derrota real e genuína, pois, se não fosse assim, perderíamos interesse no jogo.

Lembro quando meu filho era novo e eu corria atrás dele, fingindo ser um monstro. Ele gritava sem parar, rindo: "Um monstro vai me pegar!". Da mesma forma, eu o segurava, reclinando-o a ponto de ele quase cair do meu colo, e brincávamos de "Não me solte"; nós ríamos sem parar sempre que eu o deixava cair um pouquinho mais, tornando a brincadeira um tanto mais emocionante. Essa é uma forma inicial de drama sem a seriedade que nele imprimimos posteriormente, quando esquecemos que a natureza original do drama é brincar.

Como adultos, nossos monstros tornam-se bem reais — tomando a forma da ruína financeira, da solidão, do desemprego, da doença e da morte. Como adultos, passamos a crer que monstros podem mesmo nos "pegar" e que seremos devastados por isso. De alguma forma, uma brincadeira que começou com uma válvula de segurança embutida e gargalhadas sem fim termina em estresse, depressão e ansiedade. Não por coincidência, à medida que nosso corpo envelhece, nosso senso de self se torna mais cristalizado, e nossa propensão ao sofrimento mental também cresce.

Agora considere o seguinte. E se a maneira de "vencer" o jogo da vida for descobrir *experiencialmente* que tudo, desde o início, não passa de um jogo do qual você mesmo é o criador? Enfatizo a *experiência* dessa descoberta e sugiro que foi exatamente isso que aconteceu com Buda, Lao Tzu e outros antigos mestres do Oriente. No caso deles, a identificação com o self colapsou, e com ela se foi todo o sofrimento mental.

Se o sofrimento mental envolve algum benefício, talvez seja o de nos ajudar a perceber o jogo, o grande drama que é esta existência. Como se diz no budismo, "onde não há lama, não há flor de lótus". O Buda foi supostamente protegido do sofrimento durante a infância; se jamais tivesse se aventurado a explorar o sofrimento, ele nunca teria aprendido o que aprendeu. Não fosse pelo sofrimento, você não estaria onde está agora.

Vamos concluir com algumas dicas para jogar esse jogo cósmico.

Uma forma de jogar é ignorar ou esquecer as ideias apresentadas aqui e continuar acreditando que o cérebro esquerdo é, de fato, você. Nesse caso, você preserva sua identidade e continua a desempenhar um papel nesse mundo teatral que chamamos de sociedade moderna. Nesse reino de categorias e interpretações, há dias bons, mas há também dias ruins; há amigos, mas também inimigos. Nesse mundo do cérebro esquerdo, você pode vencer, mas às vezes você perde. Há a empolgação da vitória, mas também a ansiedade em relação à derrota. O jogo é jogado com um senso aterrorizante de seriedade e urgência, como se não fosse de modo algum um jogo.

Claro, há algumas desvantagens nessa abordagem. A vida é vista como curta. A morte e as doenças são o inimigo, e você precisa se esforçar ao máximo pelo maior tempo possível, tentando obter o maior número de créditos possível, sejam materiais, sejam espirituais. Como a maioria de nós, seu ego-ator muito provavelmente participará da produção apenas como figurante no palco do mundo, mas há sempre a chance de estrelato, e, por essa chance, muitos aceitam o sofrimento. Não há nada de errado com essa escolha, e, no passado e no presente, é a escolha mais popular no planeta. De certa forma, para aqueles que ignoram completamente todas essas ideias, podemos dizer que estão jogando o jogo tão bem que seu cérebro esquerdo merece ser parabenizado.

Passando agora ao outro extremo, a alternativa seria buscar de todo o coração atividades associadas ao hemisfério direito do cérebro, à procura do que muitos chamam de iluminação. Comprometer-se inteiramente com essa opção implica seguir o mesmo caminho dos santos, dos mestres e dos monges das grandes tradições espirituais do mundo, e, claro, do Buda. Meditação, *mindfulness*, oração, ioga e sempre focar a compaixão, a gratidão e a natureza interconectada de toda a existência são ótimas formas de começar. No fim das contas, como "chegar lá" é, em grande parte, um mistério; com certeza não é algo que se possa articular plenamente com palavras. Mas há sinais e dicas que os sábios nos legaram. Se essa é sua vocação, eu o saúdo e lhe desejo uma ótima jornada.

Uma terceira alternativa é o que chamamos de caminho do meio, em que você tem um pé fincado em cada uma dessas duas opções. Nessa alternativa, você trata o jogo com uma dose limitada de seriedade: celebra quando seu filho ganha um jogo de futebol ou se entristece quando não consegue aquela promoção no trabalho, mas nem a vitória nem a derrota são levadas a sério demais, pois, por trás das duas experiências, você mantém um traço de sorriso, e esse sorriso simboliza sua compreensão de que sem derrota não há vitória, e de que cada vitória, no fim das contas, depende de uma derrota.

No caminho do meio, você pode olhar para uma revista ordinária em uma loja de conveniência e vê-la tanto como uma bobagem repleta de fofoca quanto como uma expressão da criatividade e da espiritualidade humana. Pode ser banhado pelo ódio quando alguém o corta no trânsito e, ao mesmo tempo, internamente, rir da tolice do drama. Pode haver momentos em que você mergulha na consciência sem ego, sendo totalmente envolvido pela ideia de que "se não há um self, não há problema", mas, poucos minutos depois, seu ego dispara quando um colega de trabalho passa por você e não o cumprimenta.

Na verdade, pode ser que você já esteja jogando o jogo exatamente assim. Talvez você medite e pratique *mindfulness*, sentindo-se firme espiritualmente, e mais tarde seu ego fique *on-line* de novo e se frustre ao descobrir que o café acabou. Você faz uma aula de ioga e se sente ótimo, mas xinga quem arranhou seu carro no estacionamento. Perceber essas maquinações da mente sem se apegar a elas é uma forma moderna de caminho do meio.

Qualquer que seja a sua escolha no jogo, minha esperança é a de que, lendo este livro e se familiarizando com o intérprete do cérebro esquerdo e seu funcionamento, você possa levá-lo um pouquinho menos a sério. Muito provavelmente, fazer isso diminuirá seu sofrimento.

Talvez até deixe de tentar mudar certas coisas na sua vida com tanto afinco, ou já não precise se tornar isso ou aquilo no futuro, porque você começa a notar que os problemas que está tentando resolver são, na maior parte, criações do intérprete do cérebro esquerdo, e agora você percebe que, assim que esses problemas forem solucionados, o intérprete criará outros novos. Isso pode ser verdade até para aqueles seguindo um caminho estritamente espiritual, como sugerido pelas palavras do ex-professor de Harvard Richard Alpert (agora conhecido como Ram Dass), quando ele disse: "Todas as práticas espirituais são ilusões criadas por ilusionistas para escapar da ilusão".

Nesse caminho do meio, por um lado você considera que o seu verdadeiro você já é perfeito e está em paz, e isso é bom, pois o intérprete do cérebro esquerdo na verdade não tem poder algum para estabelecer mudanças na sua vida, já que é uma miragem — embora eu tenha certeza de que seu intérprete está contestando isso agora mesmo. Pense assim: a fumaça pairando acima da fábrica pode fazer alguma coisa para mudar o funcionamento da própria fábrica? Quão frustrante seria acreditar que o personagem fictício Sherlock Holmes é capaz de solucionar um mistério no mundo real? Quando chegamos a essa compreensão, começamos a ver que estamos exatamente onde precisamos estar, fazendo exatamente o que precisamos fazer.

Desse modo, embora várias explorações tenham sido oferecidas neste livro para ajudar "você" a sair do cérebro esquerdo, talvez o seu *verdadeiro* você já esteja fora e não se preocupe nem um pouco com isso. Esse é o tipo de paradoxo que frustra o intérprete, mas vivenciar isso é vivenciar a natureza lúdica da realidade, que nos leva de volta à história sobre Deus brincando de esconde-esconde.

As pessoas gostam de um filme de terror ou de um passeio de montanha-russa *porque* elas sabem que, no fundo, é seguro. Nesse sentido, essa consciência universal sabe que tudo está seguro, mesmo naquilo que o cérebro esquerdo categoriza como tragédias horrendas. Se você fosse uma consciência onisciente e onipotente, jamais saberia o que é tristeza, perda, ansiedade, surpresa ou a alegria de não saber o que vai acontecer em seguida. Uma consciência onisciente não poderia apreciar piadas ou chorar durante uma tragédia. Ao participar do jogo da vida, a consciência desfruta de todas as experiências possíveis, e ela só pode fazer isso perdendo-se em nós. Se você quer ter um conjunto infinito de experiências, crie egos ficcionais que se levam a sério e programe-os para sempre desejar o que eles não têm.

Assim como um copo de água é exponencialmente mais prazeroso depois de uma caminhada de oito quilômetros no deserto, a experiência de sentir a conexão entre todas as coisas é mais plena depois da ilusão da separação. Essa é a graça do jogo. É a graça de despertar.

Esse jogo é um privilégio e uma aventura, mas por vezes também é uma comédia e, por vezes, uma tragédia. O todo constitui uma tapeçaria da qual não se pode puxar apenas uma parte sem mover o restante, pois tudo está entrelaçado, definindo-se de forma mútua, e cada coisa confere existência às demais. Talvez o seu verdadeiro você saiba disso perfeitamente, pois foi ele quem costurou essa tapeçaria. Se este livro tiver servido ao propósito para o qual foi escrito, terá sido um lembrete de que não há lugar nenhum para ir nem nada em especial para fazer, pois você já está lá e já está fazendo. Exceto que, claro, não há um verdadeiro você em parte alguma, fazendo seja lá o que for. Ou poderíamos dizer que ele está em todo lugar, fazendo tudo.

Isso talvez seja um ótimo koan para meditação.

Exploração

Quem sou eu?

Em uma variedade de tradições espirituais, uma das perguntas mais poderosas a se fazer é *quem sou eu?* Em vez de responder com o intérprete do cérebro esquerdo por meio de rótulos descritivos, comparações, categorias ou percepção de padrões, tente voltar sua mente para dentro de si e veja se consegue localizar a fonte do pensamento "Eu". Você pode fazer isso em um contexto meditativo, mas não exclusivamente, pois é possível realizar esse experimento em qualquer hora do dia, mesmo que por apenas alguns segundos. Ao fazê-lo, considere que a resposta para essa pergunta pode ser um sentimento e não um pensamento — um sentimento encontrado no espaço e no silêncio ao nosso redor.

A seguir, outras perguntas relacionadas a se ponderar durante essa exploração:

- Sou o nome que alguém me deu?
- Sou o gênero que me foi designado?
- Sou o emprego no qual trabalho?
- Sou os papéis sociais que desempenho?
- Sou a idade que a sociedade me diz que tenho?

- Sou a inteligência com que a sociedade me define?
- Sou meu nível de escolaridade?
- Sou o corpo pelo qual os outros me definem?
- Sou os pensamentos na minha cabeça?
- Sou as memórias que acho que aconteceram?
- Sou minhas preferências? Isto é, as coisas de que gosto?
- Sou meus desejos?
- Sou minhas emoções?
- Sou minhas crenças?
- Sou minhas reações?
- Sou minhas expectativas?
- Sou os filmes que crio na minha cabeça?
- Sou um mistério?

Seu *verdadeiro* você não pode ser expresso em palavras, tampouco em categorias, rótulos, crenças, emoções ou qualquer coisa que possa ser descrita como "conhecida".

NOTAS E REFERÊNCIAS

Quando não especificadas, todas as referências e citações do Buda são destas duas fontes: *The Dhammapada: The Sayings of the Buddha*. Traduzido por Thomas Byrom. Nova York: Knopf, 1976; e "Anatta-lakkhana Sutta: The Discourse on the Not-self Characteristic" (SN 22.59). Traduzido do páli por N. K. G. Mendis. *Access to Insight* (BCBS *Edition*), 13 de junho de 2010. Disponível em: http:// www.accesstoinsight. org/tipitaka/sn/sn22/sn22.059.mend.html.

Prefácio

1. Um dos primeiros livros de sucesso a conectar filosofia oriental e física foi CAPRA, F. *The Tao of Physics:* An Exploration of the Parallels Between Modern Physics and Eastern Mysticism. Berkeley: Shambhala, 1975. [*O Tao da física:* uma análise dos paralelos entre física moderna e o misticismo oriental. Tradução: José Fernandes Dias. 2. ed. São Paulo: Cultrix, 2013.]

2. HOUSHMAND, Z.; WALLACE, B.; LIVINGSTON, R. *Consciousness at the Crossroads:* Conversations with the Dalai Lama on Brain Science and Buddhism. Ithaca, NY: Snow Lion, 1999. Esse livro teve origem em encontros entre o Dalai Lama e um grupo de neurocientistas e psiquiatras eminentes.

3. KAUL, P.; PASSAFIUME, J.; SARGENT, R. C.; O'HARA, B. F. Meditation acutely improves psychomotor vigilance, and may decrease sleep need. *Behavioral and Brain Functions*, v. 6, n. 47, 2010. Disponível em: http://doi.org/10.1186/1744-9081-6-47.

4. Para a palestra de Sara Lazar sobre transformar o cérebro com meditação, ver "How Meditation Can Reshape Our Brains: Sara Lazar at TEDxCambridge 2011". Disponível em: https://youtu.be/m8rRzTtP7Tc.

   Um artigo mais detalhado sobre sua obra seria LAZAR, S. The neurobiology of mindfulness. *In:* GERMER, C. K.; SIEGEL, R. D.; FULTON, P. R. (org.). *Mindfulness and Psychotherapy*. 2 ed. New York, NY: Guilford Press, 2013. p. 282-294. Duas obras sobre meditação, compaixão e redução da amígdala são HÖLZEL, B. K.; CARMODY, J.; EVANS, K. C.; HOGE, E. A.; DUSEK, J. A.; MORGAN, L.; PITMAN, R. K.; LAZAR, S. W. Stress reduction correlates with structural changes in the amygdala. *Social Cognitive and Affective Neuroscience*, v. 5, n. 1, p. 11-17, 2010. Disponível em: http://doi.org/10.1093/scan/nsp034; HÖLZEL, B. K.; CARMODY, J.; VANGEL, M.; CONGLETON, C.; YERRAMSETTI, S. M.; GARD, T.; LAZAR, S. W. Mindfulness practice leads to increases in regional brain gray matter density. *Psychiatry Research*, v. 191, n. 1, p. 36-43, 2011. Disponível em: http://doi.org/10.1016/j.pscychresns.2010.08.006.

5. Pesquisas sobre tai chi tornaram-se tão numerosas que há agora um artigo de revisão de literatura que mapeia os muitos outros estudos científicos (107 ao todo) sobre o tema: SOLLOWAY, M. R.; TAYLOR, S. L.; SHEKELLE, P. G.; MIAKE-LYE, I. M.; BEROES, J. M.; SHANMAN, R. M.; HEMPEL, S. An evidence map of the effect of Tai Chi on health outcomes. *Systematic Reviews*, v. 5, n. 126, 2016. Disponível em: http://doi.org/10.1186/s13643-016-0300-y.

6. BÜSSING, A.; MICHALSEN, A.; KHALSA, S. B. S.; TELLES, S.; SHERMAN, K. J. Effects of yoga on mental and physical health: A short summary of reviews. *Evidence-Based Complementary and Alternative Medicine*, v. 2012, n. 1, 2012. Disponível em: http://doi.org/10.1155/2012/165410.

7. VILLEMURE, C.; ČEKO, M.; COTTON, V. A.; BUSHNELL, M. C. Neuroprotective effects of yoga practice: Age-, experience-, and frequency-dependent plasticity. *Frontiers in Human Neuroscience*, v. 9, n. 281, 2015. Disponível em: http://doi.org/10.3389/fnhum.2015.00281.

8. CRESWELL, J. D. Biological pathways linking mindfulness with health. *In*: BROWN, K. W.; CRESWELL J. D.; RYAN, R. (org.). *Handbook on Mindfulness Science*. New York, NY: Guilford Publications, 2015; CRESWELL, J. D.; TAREN, A. A.; LINDSAY, E. K.; GRECO, C. M.; GIANAROS, P. J.; FAIRGRIEVE, A.; MARSLAND, A. L.; BROWN, K. W.; WAY, B. M.; ROSEN, R. K.; FERRIS, J. L. Alterations in resting-state functional connectivity link mindfulness meditation with reduced interleukin-6: a randomized controlled trial. *Biological Psychiatry*, v. 80, n. 1, p. 53-61, 2016. Disponível em: http://doi.org/10.1016/j.biopsych.2016.01.008.

Introdução

1. MORIN, A. Self-recognition, theory-of-mind, and self-awareness: What side are you on? *Laterality*, v. 16, n. 3, p. 367-383, 2010. Disponível em: http://doi.org/10.1080/13576501003702648.
2. WEI, W. W. *Ask the Awakened*: The Negative Way. Boulder: Sentient Publications, 1963.
3. Como o neurocientista Tim Crow diz: "Exceto à luz da lateralização hemisférica do cérebro, nada na psicologia humana faz sentido". Em outras palavras, a única forma de compreender o que somos de verdade é examinando os hemisférios esquerdo e direito do cérebro.

Capítulo 1:
O intérprete — uma descoberta acidental

1. Obras que explicam o intérprete do cérebro esquerdo e sua descoberta incluem GAZZANIGA, M. S.; LEDOUX, J. E. *The Integrated Mind*. Nova York: Plenum Press, 1978; GAZZANIGA, M. S. *The Social Brain*: Discovering the Networks of the Mind. Nova York: Basic Books, 1985. [*O cérebro social*: à descoberta das redes do pensamento. Tradução: Maria João Reis. Lisboa: Instituto Piaget, 1995.]; GAZZANIGA, M. S. The split brain revisited. *Scientific American*, v. 279, n. 1, p. 35-39, 1998.
2. NISBETT, R. E.; WILSON, T. D. Telling more than we can know: Verbal reports on mental processes. *Psychological Review*, v. 84, n. 3, p. 231-259, 1977; JOHANSSON, P.; HALL, L.; SIKSTRÖM, S.; TÄRNING, B.; LIND, A. How something can be said about telling more than we can know: on choice blindness and

introspection. *Consciousness and Cognition*, v. 15, n. 4, p. 673-692, 2006. Disponível em: http://doi.org/10.1016/j.concog.2006.09.004.

3. DUTTON, D. G.; ARON, A. P. Some evidence for heightened sexual attraction under conditions of high anxiety. *Journal of Personality and Social Psychology*, v. 30, n. 4, p. 510-517, 1974. Disponível em: http://doi.org/10.1037/h0037031.

4. DIENSTBIER, R. A. Attraction increases and decreases as a function of emotion-attribution and appropriate social cues. *Motivation and Emotion*, v. 3, p. 201-218, 1979. Disponível em: https://doi.org/10.1007/BF01650604.

5. MESTON, C. M.; FROHLICH, P. F. Love at first fright: partner salience moderates roller-coaster-induced excitation transfer. *Archives of Sexual Behavior*, v. 32, n. 6, p. 537-544, 2003. Disponível em: https://doi.org/10.1023/a:1026037527455.

6. GAZZANIGA, M. S. *The Social Brain:* Discovering the Networks of the Mind. Nova York: Basic Books, 1985. [*O cérebro social*: à descoberta das redes do pensamento. Tradução: Maria João Reis. Lisboa: Instituto Piaget, 1995.]

Capítulo 2:
Linguagem e categorias — as ferramentas da mente interpretativa

1. KONNIKOVA, M. The man who couldn't speak and how he revolutionized psychology. *Scientific American*, 8 fev. 2013. Disponível em: https://blogs.scientificamerican.com/literally-psyched/the-man-who-couldnt-speakand-how-he-revolutionized-psychology/.

2.   Para citar o especialista em lateralidade Joe Hellige, "a dominância do hemisfério esquerdo em muitos aspectos da linguagem é a assimetria cognitiva mais óbvia e mais citada. Em particular, o hemisfério esquerdo parece dominante na produção da fala manifesta..." (HELLIGE, J. B. *Hemispheric Asymmetry*: What's Right and What's Left. Cambridge, MA: Harvard University Press, 1993). Isso não significa, contudo, que o cérebro direito não desempenhe um papel na linguagem. Para usar uma metáfora do mundo dos negócios, o CEO da linguagem é o cérebro esquerdo, entretanto pode ter alguns importantes funcionários trabalhando no cérebro direito. Por exemplo, o cérebro direito contribui com os aspectos emocionais da linguagem, e aqueles com lesões nesse hemisfério são muitas vezes emocionalmente monótonos na comunicação por meio da fala. Pessoas com lesões no cérebro direito também podem ter dificuldade de entender sarcasmo e metáforas, pois essas funções da linguagem existem em um domínio emocional que está além da linguagem e da fala.

3.   MORIN, A. Self-awareness Part 2: Neuroanatomy and importance of inner speech. *Social and Personality Psychology Compass*, v. 5, n. 12, p. 1004-1017, 2011. Disponível em: https://doi.org/10.1111/j.1751-9004.2011.00410.x.

4.   MCGILCHRIST, I. *The Master and His Emissary*: The Divided Brain and the Making of the Western World. New Haven: Yale University Press, 2009. A participação de McGilchrist nas TED Talks está disponível aqui: https://www.ted.com/talks/iain_mcgilchrist_the_divided_brain.

5.   KORZYBSKI, A. *Science and Sanity:* An Introduction to Non-Aristotelian Systems and General Semantics.

New York: Institute of General Semantics, 1933. p. 747-761.

6. STROOP, J. R. Studies of interference in serial verbal reactions. *Journal of Experimental Psychology*, v. 18, n. 6, p. 643-662, 1935. Disponível em: http://doi.org/10.1037/h0054651.

7. Steve Christman, meu orientador na pós-graduação, realizou um estudo interessante sobre o efeito Stroop. Ele pressupôs que o cérebro esquerdo processava o símbolo da cor — a palavra —, ao passo que o cérebro direito processava a cor em si. Ele descobriu que aqueles com menos comunicação entre os dois hemisférios do cérebro sofriam as menores interferências quando o símbolo e a cor diferiam. Ou seja, se os dois hemisférios do cérebro estão atuando de maneira mais independente, o símbolo do cérebro esquerdo não interfere na cor do cérebro direito, se são diferentes. Contudo, o ponto é que o efeito Stroop mostra que o cérebro esquerdo interpreta a palavra AMARELO como se a própria cor amarela estivesse presente. CHRISTMAN, S. D. Individual differences in Stroop and local-global processing: A possible role of interhemispheric interaction. *Brain and Cognition*, v. 45, n. 1, p. 97-118, 2001. Disponível em: http://doi.org/10.1006/brcg.2000.1259.

8. TEICHER, M. H.; ANDERSON, S. L.; POLCARI, A.; ANDERSON, C. M.; NAVALTA, C. P.; KIM, D. M. The neurobiological consequences of early stress and childhood maltreatment. *Neuroscience and Biobehavioral Reviews*, v. 27, n. 1-2, p. 33-44, 2003. Disponível em: http://doi.org/10.1016/s0149-7634(03)00007-1. Isso só pode acontecer se estivermos tratando palavras como se elas *fossem* as coisas que elas representam.

9. SALZEN, E. A. Emotion and self-awareness. *Applied Animal Behaviour Science*, v. 57, n. 3-4, p. 299-313, 1998. Disponível em: https://doi.org/10.1016/S0168-1591(98)00104-X.

10. LOFTUS, E. F.; PALMER, J. C. Reconstruction of automobile destruction: An example of the interaction between language and memory. *Journal of Verbal Learning and Verbal Behavior*, v. 13, p. 585-589, 1974.

11. *Placebo* significa "Eu agradarei" e se refere à situação em que a crença de um participante em um determinado resultado durante um estudo cria aquele mesmo resultado. Embora o efeito placebo remonte a alguns séculos de medicina, só nos anos 1950 o termo "efeito placebo" foi usado em um artigo científico: BEECHER, H. K. The powerful placebo. JAMA, v. 159, n. 17, p. 1602-1606, 1955. Disponível em: http://doi.org/10.1001/jama.1955.02960340022006.

12. Pesquisas recentes têm questionado se o uso indiscriminado e a efetividade dos antidepressivos não se devem, em grande parte, ao efeito placebo. Ver KIRSCH, I. Challenging received wisdom: Antidepressants and the placebo effect. *McGill Journal of Medicine*: MJM, v. 11, n. 2, p. 219-222, 2008.

13. BENEDETTI, F.; CARLINO, E.; POLLO, A. How placebos change the patient's brain. *Neuropsychopharmacology*, v. 36, p. 339-354, 2011. Disponível em: http://doi.org/10.1038/npp.2010.81.

14. ALIA-KLEIN, N.; GOLDSTEIN, R. Z.; TOMASI, D.; ZHANG, L.; FAGIN-JONES, S.; TELANG, F.; WANG, G.-J.; FOWLER, J. S.; VOLKOW, N. D. What is in a Word? *No* versus *Yes* differentially engage the lateral orbitofrontal cortex. *Emotion*, v. 7, n. 3, p. 649-659, 2007. Disponível em: http://doi.org/10.1037/1528-3542.7.3.649.

15. Uma obra clássica sobre koan é HORI, V. *Zen Sand*: The Book of Capping Phrases for Kōan Practice. Honolulu: University of Hawaii Press, 2003.

Capítulo 3:
Percepção de padrões e o self perdido

1. Com isso não se quer dizer que o cérebro direito não é capaz de reconhecer padrões. Na verdade, mesmo as primeiras pesquisas com cérebro dividido demonstraram que, se a palavra *colher* fosse exibida ao cérebro direito, ele reconhecia e pegava uma colher usando a mão esquerda. É mais uma questão de grau. Pense no cérebro esquerdo como o Johann Sebastian Bach do reconhecimento de padrões, ao passo que o cérebro direito é uma banda de garagem. Contudo, esse desequilíbrio desempenha um papel importante nessa jornada que chamamos de experiência humana. É possível até que defina o que há de único na experiência humana.

2. TAYLOR, I.; TAYLOR, M. M. *Psycholinguistics*: Learning and Using Language. Englewood Cliffs, NJ: Pearson, 1990; GEBAUER, D.; FINK, A.; KARGL, R.; REISHOFER, G.; KOSCHUTNIG, K.; PURGSTALLER, C. *et al.* Differences in brain function and changes with intervention in children with poor spelling and reading abilities. PLoS ONE, v. 7, n. 5, e38201, 2012. Disponível em: https://doi.org/10.1371/journal.pone.0038201.

3. BOOTH, J. R.; BURMAN, D. D. Development and disorders of neurocognitive systems for oral language and reading. *Learning Disability Quarterly*, v. 24, p. 205-215, 2001. Disponível em: https://doi.org/10.2307/1511244.

4. RORSCHACH, H. *Manual for Rorschach Ink-blot Test*. Chicago: Stoelting, 1924.

5. WOLFORD, G.; MILLER, M. B.; GAZZANIGA, M. The left hemisphere's role in hypothesis formation. *The Journal of Neuroscience*, v. 20, n. 5, RC64, 2000. Disponível em: https://doi.org/10.1523/JNEUROSCI.20-06-j0003.2000.

6. TUCKER, D. M.; WILLIAMSON, P. A. Asymmetric neural control systems in human self-regulation. *Psychological Review*, v. 91, n. 2, p. 185-215, 1984. Disponível em: https://doi.org/10.1037/0033-295X.91.2.185.

7. KRUMMENACHER, P.; MOHR, C.; HAKER, H.; BRUGGER, P. Dopamine, paranormal belief, and the detection of meaningful stimuli. *Journal of Cognitive Neuroscience*, v. 22, n. 8, p. 1.670-1.681, 2010. Disponível em: https://doi.org/10.1162/jocn.2009.21313. Ao leitor talvez interesse saber que o hemisfério esquerdo do cérebro é não apenas especialista em ver coisas que não existem, como também cria a imagem do eu ou ego.

8. WHITSON, J.; GALINSKY, A. Lacking control increases illusory pattern perception. *Science*, v. 322, n. 5.898, p. 115-117, 2008. Disponível em: https://doi.org/10.1126/science.1159845.

9. SIMONOV, P. V.; FROLOV, M. V.; EVTUSHENKO, V. F.; SVIRIDOV, E. P. Effect of emotional stress on recognition of visual patterns. *Aviation, Space, and Environmental Medicine*, v. 48, n. 9, p. 856-858, 1977.

10. PROULX, T.; HEINE, S. J. The frog in Kierkegaard's beer: Finding meaning in the threat-compensation literature. *Social and Personality Psychology Compass*, v. 4, n. 10, p. 889-905, 2010. Disponível em: http://doi.org/10.1111/j.1751-9004.2010.00304.x.

Capítulo 4:
O básico da consciência do cérebro direito

1. Jill Bolte Taylor. My stroke of insight. TED *Talk*, fev. 2008. Disponível em: http://www.ted.com:80/talks/jill_bolte_taylor_s_powerful_stroke_of_insight.

2. Um dos livros mais significativos — talvez o mais significativo até aqui —, dedicado a explorar como e por que os dois hemisférios do cérebro são diferentes, é McGilchrist, I. *The Master and His Emissary*: The Divided Brain and the Making of the Western World. New Haven: Yale University Press, 2009.

3. O estudo original sobre os caminhos do Quê e do Onde é Mishkin, M.; Ungerleider, L. G. Contribution of striate inputs to the visuospatial functions of parietopreoccipital cortex in monkeys. *Behavioral Brain Research*, v. 6, n. 1, p. 57-77, 1982. Estudos mais recentes sobre o sistema Quê e Onde usando ilusões visuais incluem Goodale, M. A.; Milner, A. D. Separate visual pathways for perception and action. *Trends in Neuroscience*, v. 15, n. 1, p. 20-5, 1992; Milner, A. D.; Goodale, M. A. *The Visual Brain in Action*. Oxford: Oxford University Press, 1995.

4. Csikszentmihalyi, M. *Flow*: The Psychology of Optimal Experience. New York: Harper & Row, 1990. [*Flow*: a psicologia do alto desempenho e da felicidade. Rio de Janeiro: Objetiva, 2020.]

5. Ramachandran, V. S.; Blakeslee, S. *Phantoms in the Brain*. New York: William Morrow and Company, 1998.

Capítulo 5:
Significado e compreensão

1. Klein, M. Context and memory. *In*: Benjamin Jr., L. T.; Lowman, K. D. (org.). *Activities Handbook for*

the Teaching of Psychology. Washington, DC: American Psychological Association, 1981. p. 83.

2. O trabalho original sobre "fragmentação" e memória de curto prazo é: MILLER, G. A. The magical number seven, plus or minus two: Some limits on our capacity for processing information. *Psychological Review*, v. 63, n. 2, p. 81-97, 1956. Disponível em: https://doi.org/10.1037/h0043158.

3. Um dos artigos originais sobre como processamentos profundos e significativos afetam a memória é CRAIK, F. I. M.; TULVING, E. Depth of processing and the retention of words in episodic memory. *Journal of Experimental Psychology*: *General*, v. 104, n. 3, p. 268-294, 1975. Disponível em: https://doi.org/10.1037/0096-3445.104.3.268.

4. FRANKL, V. *Man's Search for Meaning*. New York: Pocket Books, 2006. [*Em busca de sentido*. 60. ed. Tradução: Carlos Cardoso Aveline. São Leopoldo: Sinodal; Petrópolis: Vozes, 2024.]

5. SCHOOLER, J. W.; ARIELY, D.; LOEWENSTEIN, G. The pursuit and assessment of happiness may be self-defeating. *In*: CARRILO, J.; BROCAS, I. (org.). *The Psychology of Economic Decisions*. Oxford: Oxford University Press, 2003. p. 41-70. Claro, se estiver tentando ser feliz, você jamais poderia realmente experienciar música ou qualquer outra coisa que pudesse provocar prazer.

6. MAUSS, I. B. *et al.* Can seeking happiness make people unhappy? Paradoxical effects of valuing happiness. *Emotion*, v. 11, n. 4, p. 807-815, 2011. Disponível em: http://doi.org/10.1037/a0022010. Esse estudo via a felicidade como um excesso de emoções positivas; obviamente, não é a mesma coisa que sentido.

7. YANG, J. The role of the right hemisphere in metaphor comprehension: A meta-analysis of functional magnetic resonance imaging studies. *Human Brain Mapping*, v. 35, p. 107-122, 2014. Disponível em: http://doi.org/10.1002/hbm.22160.
8. KOZAK, A. *Wild Chickens and Petty Tyrants*: 108 Metaphors for Mindfulness. Sommerville: Wisdom Publications, 2016.
9. MITCHELL, E. *The Way of the Explorer, Revised Edition*: An Apollo Astronaut's Journey Through the Material and Mystical Worlds. New Jersey: New Page Books, 2008.

Capítulo 6:
A inteligência do cérebro direito — intuição, emoções e criatividade

1. JAMES, W. *The Principles of Psychology*. New York: Dover, 1950. (Publicado originalmente em 1890; reimpresso em 1950.)
2. Mangan introduziu a ideia de que a borda representa o quadro completo, que é amplo demais para a consciência típica. Ver MANGAN, B. Sensation's ghost: The non-sensory "fringe" of consciousness. *Psyche*, v. 7, n. 18, 2001. Disponível em: http://psyche.cs.monash.edu.au/v7/psyche-7-18-mangan.html.
3. MARIL, A.; SIMONS, J. S.; WEAVER, J. J.; SCHACTER, D. L. Graded recall success: An event-related fMRI comparison of tip of the tongue and feeling of knowing. *NeuroImage*, v. 24, n. 4, p. 1.130-1.138, 2005. Disponível em: https://doi.org/10.1016/j.neuroimage.2004.10.024.
4. https://www.psychologytoday.com/us/blog/radical-remission/201405/the-science-behind-intuition.

5. BECHARA, A.; DAMASIO, H.; TRANEL, D.; DAMASIO, A. R. Deciding advantageously before knowing the advantageous strategy. *Science*, v. 275, n. 5.304, p. 1.293-1.295, 1997. Disponível em: https://doi.org/10.1126/science.275.5304.1293.

6. https://www.psychologicalscience.org/news/minds-business/intuition-its-more-than-a-feeling.html.

7. LUFITYANTO, G.; DONKIN, C.; PEARSON, J. Measuring intuition: nonconscious emotional information boosts decision accuracy and confidence. *Psychological Science*, v. 27, n. 5, p. 622-634, 2016. Disponível em: https://doi.org/10.1177/0956797616629403.

8. Em um experimento, eles mostraram as fotos para o olho direito ou cérebro esquerdo, mas, claro, os pacientes aqui não estavam com cérebro dividido, então a informação podia ser transmitida de um hemisfério para o outro. Seria interessante conduzir esse experimento em pacientes com cérebro dividido e ver se os resultados seriam iguais.

9. GOLEMAN, D. *Emotional Intelligence:* Why It Can Matter More Than IQ. New York: Bantam Books, 1995. [*Inteligência emocional:* a teoria revolucionária que redefine o que é ser inteligente. 2. ed. Rio de Janeiro: Objetiva, 2017.]

10. GOLEMAN, D. *The Brain and Emotional Intelligence:* New Insights. Florence, MA: More Than Sound, 2011. [*O cérebro e a inteligência emocional:* novas perspectivas. Rio de Janeiro: Objetiva, 2018.]

11. NIEBAUER, C. L. Handedness and the fringe of consciousness: Strong handers ruminate while mixed handers self-reflect. *Consciousness and Cognition*, v. 13, n. 4, p. 730-745, 2004. Disponível em: http://doi.org/10.1016/j.concog.2004.07.003.

12. OLATUNJI, B. O.; LOHR, J. M.; BUSHMAN, B. J. The pseudopsychology of Venting in the treatment of anger: Implications and alternatives for mental health practice. *In*: CAVELL, T. A.; MALCOLM, K. T. (org.). *Anger, Aggression, and Interventions for Interpersonal Violence*. Mahwah, NJ: Lawrence Erlbaum Associates Publishers, 2007. p. 119-141. Neste capítulo, os autores afirmam que, "estudo após estudo, a conclusão era a mesma: expressar a raiva não reduz as tendências agressivas e muito provavelmente as exacerba".

13. ZAHN, R.; MOLL, J.; PAIVA, M.; GARRIDO, G.; KRUEGER, F.; HUEY, E. D. *et al*. The neural basis of human social values: evidence from functional MRI. *Cerebral Cortex*, v. 19, n. 2, p. 276-283, 2008. Disponível em: http://doi.org/10.1093/cercor/bhn080.

14. Embora nem todos os estudos sobre gratidão tenham contado uma história simples e direta sobre uma maior atividade no cérebro direito, um dos estudos que o faz é ZAHN, R.; GARRIDO, G.; MOLL, J.; GRAFMAN, J. Individual differences in posterior cortical volume correlate with proneness to pride and gratitude. *Social Cognitive and Affective Neuroscience*, v. 9, n. 11, p. 1.676-1.683, 2014. Disponível em: http://doi.org/10.1093/scan/nst158.

15. EMMONS, R. A.; MCCULLOUGH, M. E. Counting blessings versus burdens: An experimental investigation of gratitude and subjective well-being in daily life. *Journal of Personality and Social Psychology*, v. 84, n. 2, p. 377-389, 2003. Disponível em: https://doi.org/10.1037/0022-3514.84.2.377. Esse é um experimento muito importante sobre gratidão, pois trata dos efeitos de praticar a gratidão em vez de reclamar. Para citar os autores: "Os resultados sugerem que um foco consciente nas bênçãos pode acarretar benefícios emocionais e interpessoais".

16. SACKS, O. *Gratitude*. New York: Knopf, 2015. [*Gratidão*. Tradução: Laura Teixeira Motta. São Paulo: Companhia das Letras, 2015.]

17. "How we read each other's minds", Rebecca Saxe na TEDGlobal 2009. Disponível em: https://www.ted.com/talks/rebecca_saxe_how_brains_make_moral_judgments. Um artigo mais detalhado examinando sua pesquisa é SAXE, R. The right temporo-parietal junction: A specific brain region for thinking about thoughts. *In*: LESLIE, A.; GERMAN, T. (org.). *Handbook of Theory of Mind*. New York: Taylor and Francis, 2010.

18. GOLEMAN, D. *The Brain and Emotional Intelligence*: New Insights. Florence, MA: More Than Sound, 2011. [*O cérebro e a inteligência emocional*: novas perspectivas. Rio de Janeiro: Objetiva, 2018.]

19. MEDNICK, S. A.; MEDNICK, M. T. *Examiner's Manual*: Remote Associates Test. Boston: Houghton Mifflin, 1967.

20. BRADBURY, R.; AGGELIS, S. L. *Conversations with Ray Bradbury*. Jackson: University Press of Mississippi, 2004.

21. LYNCH, D. Entrevista com Andy Battaglia, film.avclub.com. 23 jan. 2007.

22. KAHNEMAN, D.; TVERSKY, A. Subjective probability: A judgment of representativeness. *Cognitive Psychology*, v. 3, n. 3, p. 430-454, 1972. Disponível em: http://doi.org/10.1016/0010-0285(72)90016-3; TVERSKY, A.; KAHNEMAN, D. Judgment under Uncertainty: Heuristics and Biases. *Science*, v. 185, n. 4.157, p. 1.124-1.131, 1974. Disponível em: http://doi.org/doi:10.1126/science.185.4157.1124.

23. DIJKSTERHUIS, A.; BOS, M. W.; NORDGREN, L. F.; VAN BAAREN, R. B. On making the right choice: the deliberation-without-attention effect. *Science*, v. 311,

n. 5.763, p. 1.005-1.007, 2006. Disponível em: https://
www.ncbi.nlm.nih.gov/pubmed/16484496.

Capítulo 7:
O que é a consciência?

1. SHELDRAKE, R. *The Presence of the Past*: Morphic Resonance and the Habits of Nature. New York: Times Books, 1988. [*A presença do passado*. Lisboa: Instituto Piaget, 1996.]
2. SHELDRAKE, R. *The Sense of Being Stared At*: And Other Aspects of the Extended Mind. New York: Crown Publishers, 2003. [*A sensação de estar sendo observado*: e outros aspectos da mente expandida. São Paulo: Cultrix, 2004.]
3. SHELDRAKE, R. *Dogs That Know When Their Owners Are Coming Home*: And Other Unexplained Powers of Animals. New York: Crown, 1999. [*Cães sabem quando seus donos estão chegando*: pesquisas científicas explicam os poderes surpreendentes de nossos animais de estimação. Curitiba: Koi, 2021.]
4. https://www.newsweek.com/2015/11/20/meet-for-mer-pentagon-scientist-who-says-psychics-can-help-american -spies-393004.html.
5. BOTVINICK, M.; COHEN, J. Rubber hands "feel" touch that eye sees. *Nature*, v. 391, n. 756, 1998. Disponível em: http://doi.org/10.1038/35784.
6. RAMACHANDRAN, V. S.; ALTSCHULER, E. L. The use of visual feedback, in particular mirror visual feedback, in restoring brain function. *Brain*, v. 132, n. 7, p. 1.693-1.710, 2009. Disponível em: https://doi.org/10.1093/brain/awp135.
7. Para um exame mais científico desse fenômeno, o psicólogo Daryl Bem realizou uma série de experimentos bem

controlados e descobriu que as pessoas eram capazes de prever o que apareceria em uma tela de computador. Ver https://slate.com/health-and-science/2017/06/daryl-bem-proved-esp-is-real-showed-science-is-broken.html ou http://news.cornell.edu /stories/2010/12/study--looks-brains-ability-see-future.

AGRADECIMENTOS

Eu gostaria de agradecer à minha esposa Janie, ao meu filho Nick e à minha filha Zoe por sempre me encorajarem a seguir o júbilo do meu cérebro direito. Também gostaria de agradecer a todos da Hierophant Publishing, cuja presença pode ser sentida ao longo destas páginas. Em particular, agradeço a Randy Davila, cujas sabedoria e intuição foram inestimáveis durante o processo de criação deste livro. Também gostaria de agradecer às seguintes pessoas pelo auxílio durante esta aventura: Ben Knight (Zen Ben), Lara Patriquin, Rob Smith, Janet Lee McKnight, Bill Roman, Gary Clise, Christy Homerski, Steve Christman, Shad Connely e Josh Hudson.

TIPOGRAFIA	Freight Pro [TEXTO] Nagel VF e Freight Pro [ENTRETÍTULOS]
PAPEL	Avena 80 g/m² [MIOLO] Supremo 250 g/m² [CAPA]
IMPRESSÃO	Gráfica Viena [JANEIRO DE 2025]